변호사처럼
창업하고
대기업처럼
운영하라

한 권으로 해결하는 사업의 모든 것

변호사처럼 창업하고 대기업처럼 운영하라

한 권으로 해결하는 사업의 모든 것

김선영 변리사 · 김성태 변호사 · 김소리 노무사 · 임병을 경영지도사
임준표 법무사 · 최은영 세무사 · 한형덕 회계사 지음

이코노믹북스

변호사처럼 창업하고 대기업처럼 운영하라

한 권으로 해결하는 사업의 모든 것

조판 1쇄 인쇄 | 2018년 7월 10일
초판 1쇄 발행 | 2018년 7월 15일

지은이 | 김선영 변리사·김성태 변호사·김소리 노무사
        임병을 경영지도사·임준표 법무사·최은영 세무사
        한형덕 회계사
펴낸이 | 최화숙
편   집 | 유창언
펴낸곳 | 이코노믹북스

출판등록 | 1994년 6월 9일
등록번호 | 1994-000059호

주소 | 서울시 마포구 월드컵로8길 72, 3층-301호(서교동)
전화 | 335-7353~4
팩스 | 325-4305
e-mail | pub95@hanmail.net/pub95@naver.com

© 김선영 외 2018
ISBN 979-89-5775-186-2 03320
값 15,800원

사업, 좀 더 편하게 할 수 없을까?

"세무사님, 이번 부가세 신고용 자료 이메일로 드렸으니 잘 처리해 주시고요. 지난달에 직원 급여가 변경돼서 4대 보험료도 변경돼야 하는데 이것도 잊지 말고 챙겨주세요."

"아, 대표님. 4대 보험은 노무사한테 말씀해보세요. 그건 세무가 아니거든요."

"어? 이것도 세금, 공과금 내는 거랑 같은 거 아니에요? 이건 또 노무사께 알아봐야 하는 거예요? 거래하는 노무사도 없는데 복잡하네요."

"아니, 정말. 법무사님! 유상증자 건 법인등기 의뢰했으면 주식 매매에 대한 세금도 발생된다는 거 좀 알려주고 처리해주면 좋지. 아무 말도 안 해줘서 이제 와서 난리 나게 해요! 서운하네."

"저는 등기만 하는 거지 세금은 세무사한테 말씀을 직접 하셨어야죠. 그리고 주주 간에 계약서도 가능하면 변호사한테 자문받아 놓으셨으면 좋으셨을 걸 저한테 뭐라고 해봐야 소용없으세요."

혹시 다툼까지는 아니어도 세무사든 노무사든 한번에 해결해주면 좋겠는데 세무사, 법무사, 노무사, 회계사 등등 담당 업무가 서로 달라 짜증 나거나 복잡하게 느껴본 적이 있지 않은가?

직접 창업하여 사업을 하고 있는 저자들도 역시 이런 부분에서 복잡함과 아쉬움을 느꼈다. 우리가 만나는 많은 기업들도 답답함을 호소했고 그래서 기업 경영에 필수적인 업무를 지원하는 전문 자격사들이 이렇게 모였다. 그리고 어떤 도움이 될 수 있을까 고민했다.

거의 대부분의 중소기업, 소상공인은 다음과 같은 공식이 성립한다.

> **사장(경영주) = 회사**

사장이 곧 회사다. 직원의 수가 제법 많은 회사라고 해도 사장, 즉 창업자나 경영주에게 모든 의사결정이 집중되며 사장의 판단이 곧 회사의 운명을 결정한다고 해도 과언이 아닐 정도로 사장의 역할이 크다. 그래서 사장이나 사장을 돕는 간부들은 기업의 성과 향상을 위한 제품·서비스의 생산과 마케팅, 판로개척과 영업활동에 집중해 혼신의 힘을 쏟아야 하는 것은 물론이고 세금이나 노무문제, 재무관리와 산업재산권 보호, 분쟁과 소송에 대한 대비도 해야만 한다.

다시 말해, 그 존재 자체가 곧 회사라고 볼 수 있는 사장과 핵심 간부들은 회사의 사업성장을 위해서 반드시 경영 및 마케팅 전략, 세무, 노무, 법무, 회계 등 관리와 특허, 상표 등의 산업재산권, 주요 계약관리나 사업상 법률적 대비를 해야만 하는 굉장히 고되고 복잡한 역할로서의 고뇌가 있다.

그런데 아무리 똑똑한 사장이든 직원이든 이 많은 것을 다 알 수가 없고, 관련법도 수시로 바뀌기 때문에 사업에 집중하면서 모든 것을 챙기기도 쉽지 않은 게 현실이다. 그래서 보통 중소기업은 세무사나 법무사를 통해 업무를 처리하기도 하고, 좀 더 적극적으로 사업을 키우려는 목적으로 경영지도사, 노무사, 회계사 등에 의뢰하기도 한다. 이 과정에서 짜증이 나는 것은 내가 궁금하고 도움받고 싶은 사항이 도무지 세무사의 일인지 노무사의 일인지 혹은 법무사의 일인지 모르겠다는 사실이다. 혹은 아예 모르는지도 모르는 상태로 지나쳤다가 나중에 손해보는 일도 있다. 한번에 필요한 전문가가 알아서 답을 주면 얼마나 좋을까?

협업을 통해 서로의 사업을 돕고 교류하고 있던 경영지도사, 노무사, 법무사, 변리사, 변호사, 회계사, 세무사는 이러한 문제를 해소하는 데 조금이라도 도움이 되기 위해 우선 책을 하나 쓰기로 했다. 중소기업의 창업부터 성장까지 반드시 알아야 할 최소한의 정보를 모아서 사업가들에게 제공하고자 한 것이다. 그리고 저자 중 누구에게 문의를 하든 직접 내용을 확인해서 전문가가 세부적으로 상담하고 업무처리를 해줄 수 있도록 하였다.

특정 자격사 여러 명이 모여 출간한 책들이 여럿 있으나, 본 서와 같이 경영분야부터 세무, 노무, 특허 등 모든 필수 영역 전문 자격사들이 힘을 합해 사업성장을 위한 정보를 제공한 책은 최초일 것이다.

'사장으로서 적어도 이건 알아야 한다.' 싶은 부분을 정리한 것으로, 숙지하고 있으면 적지 않은 도움이 될 것으로 기대한다. 그리고 더 전문적인 부분이 필요하면 저자들 중 아무에게나 문의하면 해결해줄 것이다. 더 깊은 이야기를 굳이 책에 다루지 않은 것은, 사업하기에도 바쁜데 더 심도 있는 부분을 공부하느라 스트레스받을 필요 없으며 전문가에게 맡기는 것이 훨씬 효과적이기 때문이다.

이제 막 창업한 사람이든 10년, 20년을 경영해온 사장이든 꼭 읽어볼 필요가 있는 정보들을 모았으니 가벼운 마음으로 읽고 조금이라도 도움이 되길 바란다. 궁금한 부분이 생기거나 아예 전문 서비스를 맡기고 싶다면 www.bizneedsbox.com(비즈니스박스)로 문의, 신청하길 바란다.

| 차례 |

PART V 위기를 기회로 바꾸는 경영 노하우

PART I
창업 전에 성공의 80%가 결정된다

chapter 01

소비자가 원하는
상품을 준비한다

김대박 대표는 비교적 난이도가 높은 안면인식기술을 활용한 대형기기를 개발 중인 창업자였다. 기기 생산에 성공한다면 전 세계에 파급효과가 어마어마할 것으로 기대했고, 일단 법인을 설립한 후 이 아이디어로 기술보증, 신용보증 등으로부터 수억의 정부지원금을 융자하여 이용했다. 하지만 예상보다 기술개발과 시제품 제작에 시간과 비용이 과도하게 투입되어 2년이 지나도 시제품조차 완성되지 못했고, 자금은 모두 소진되어 오히려 신용불량이 되어 버린 상태였다. 그제야 고객사가 될 것으로 생각했던 기관과 기업을 찾아다니며 사전 구매 계약을 체결하려 하였으나 그들은 전혀 그 기기에 관심을 보이지 않았다. 사줄 사람은 생각도 않는데 김칫국을 마시며 돈을 투입한 셈이 된 것이다. 경영지도사인 임병을 대표에게 찾아온 김 대표는 "투자자 모집이나 자금 융자를 받을 수 있게 해주세요. 이 위기를 넘길 자금만 있으면 잘 될 거예요."라는 말을 반복했으나 그 기기를 구입해줄 소비자 자체가 존재하지 않고 기술의 실현 가능성도 낮은 사업을 직접 도와줄 방법은 없었다. 그리고 신용불량인 그에게 자금 융자나 투자도 비현실적인 이야기였다. 무엇이 문제였을까?

창업자가 실패하고 마는 이유

과거 벤처 열풍에 이어 요즘에는 창업 열풍이 불고 있는데, 정부의 창업지원으로 쉬운 창업이 가능해져 사전에 충분한 준비와 검증 없이 시작부터 하고 보는 경우가 많아지고 있다. 특히 법인설립이나 사업자등록을 수개월 내에 하는 조건이나 이미 사업자등록을 한 기업을 대상으로 정부지원이 제공되다 보니 창업부터 하게 만드는 형국이다. 결국 창업은 했으나 사업은 제대로 해보지도 못하고 도산하거나 소비자에게 외면받아 수익창출에 실패함으로써 빚쟁이가 되어버리는 사례가 늘고 있다는 뉴스도 심심치 않게 보도되고 있다. 결코 창업이 목표가 되어서도 창업부터 하고 보는 무모한 도전이 되어서도 안 된다. 창업이 아니라 장기적인 사업을 염두에 두고 시작해야 하며, 이미 성공해놓고 시작하는 창업이 되어야만 한다. 그럼 성공적인 창업이 되려면 어떻게 해야 할까?

미국의 한 기관에서 실패경험이 있는 벤처기업가를 대상으로 조사

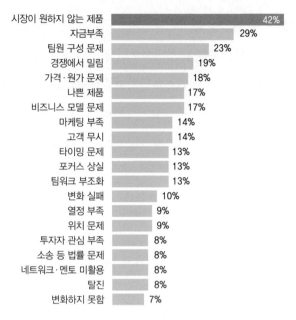

시장이 원하지 않는 제품	42%
자금부족	29%
팀원 구성 문제	23%
경쟁에서 밀림	19%
가격·원가 문제	18%
나쁜 제품	17%
비즈니스 모델 문제	17%
마케팅 부족	14%
고객 무시	14%
타이밍 문제	13%
포커스 상실	13%
팀워크 부조화	13%
변화 실패	10%
열정 부족	9%
위치 문제	9%
투자자 관심 부족	8%
소송 등 법률 문제	8%
네트워크·멘토 미활용	8%
탈진	8%
변화하지 못함	7%

〈스타트업이 실패하는 이유 20가지〉 (출처 : CB insights)

를 했는데, 그들이 꼽은 실패원인 중 절반에 가까운 비율이 '시장, 즉 소비자가 원하지 않는 제품'을 만들어 팔려고 했기 때문이라고 하였다. 소비자의 니즈가 없는 제품이나 서비스를 만들어봤자 팔릴 리가 없다. 여기에 아무리 홍보를 하고 할인을 해준다고 한들 한두 번 호기심에 구매할 수는 있겠지만 결국 필요도 없고 만족스럽지도 않은 제품에 충성고객이 될 수도 없고 주변에 이를 홍보해주는 구전효과도 기대할 수 없는 것이다. 창업을 할 때나 기존 기업이 신제품·서비스를 출시할 때는 반드시 '내가 가진 기술이나 소재를 어떻게 팔 수 있을까?'가 아니라 '고객이 원하는 것을 충족시켜 주기 위해 내가 가진 기술이나 소재를 어떻게 활용할 수 있을까?'라는 접근을 해야 한다.

미리 성공한 다음 창업하라

사업 아이디어를 창출하는 단계에서부터 소비자가 얻는 혜택(가치)을 중심으로 표현하면서 브레인스토밍하고 기술적으로 달성 가능한지를 확인해야 하며, 마지막으로 이를 사업화할 경우 수익이 적절히 확보되도록 비즈니스 모델을 수립해야만 한다. 창업기업이나 중소기업에 적합한 신제품·서비스 개발 프로세스를 S-NPD(Start-up & Small Business - New Product Development)라 하는데 아이디어를 도출하는 것부터 시작하여 소비자의 관점에서 반드시 검증하고, 완성된 제품·서비스를 소비자에게 쉽게 인지되게 하는 과정을 의미한다. 모든 과정에서 소비자가 중심이 되는 것인데, 이에 대한 자세한 절차와 방법에 대해서는 창업 및 신제품개발에 전문성을 가진 경영지도사들이 집필한《성공해놓고 시작하는 창업(김석원 등, 박영사)》에서 자세히 다루고 있으니 꼭 참고해보길 바란다.

창업기업을 비롯한 모든 기업에서 새로운 제품이나 서비스를 시장에 내놓을 때는 반드시 소비자가 원하는 것이어야만 한다. 그러기 위해선 자기 중심이 아니라 소비자 중심이어야 하며, 소비자의 니즈에 대한 조사를 해야만 하는 것이다. 이는 소비자에게 직접 인터뷰나 설문조사를 할 수도 있고, 전문가의 의견을 들을 수도 있으며 4차 산업혁명시대에 맞게 소셜 리스닝(Social Listening)할 수도 있다. 소셜 리스닝이란 SNS, 정보교류 사이트, 온라인 댓글 등과 같이 소비자들이 활용하는 온라인 공간에서의 자연스러운 대화나 검색정보, 평가 등을 분석하여 '소비자 조사'라는 특정한 활동에 의해 소비자 정보가 왜곡

되는 것을 막고 평상시에 소비자가 느끼고 행하는 생생한 정보를 데이터화하는 것을 말한다. 소비자 조사 전문기관에 맡기는 것은 매우 고가이므로 쉽지 않지만 위에서 말한 방법들은 약간의 시간과 노력을 투자하면 충분히 가능한 것들이다. 이것이 귀찮거나 어려워서 못한다면 창업을 하겠다는 것부터 다시 생각해보아야 할 문제이다.

또 다른 방법으로는 조금 더 실전적으로 접근하는 '테스트 경영'을 제안한다. 개인이든 법인이든 소수 인원으로 구성된 기업을 설립하는 것은 매우 간단하다. 따라서 재학 중이나 재직 중에 직접 테스트용 회사를 설립하여 일정기간 경영하면서 소비자에게 간단한 제품을 제작하여 판매해보거나 개발예정인 제품의 사전구매계약을 체결하도록 직접 시도해보는 것이다. 이 회사는 1~2년 정도 테스트용으로 운영하다가 폐업하면 되니, 최대한 다양한 실험을 하도록 하라. 이를 통해 얻어진 정보들을 사업의 적정성의 근거로 활용하고 준비하라. 또한 테스트 경영은 적정한 시장가격과 제품·서비스의 구성품을 미리 체크하는 데도 큰 도움이 된다. 창업부터 하고 나서 고객을 찾으려 애쓸 것이 아니라, 일단 고객에게 찾아올 수밖에 없도록 만들어놓아 성공을 보장받은 다음 창업만 하면 된다.

창업 전에 성공 여부의 80%가 이미 결정되어 있다고 해도 과언이 아니다. 이후의 마케팅, 투자유치 등은 성공의 크기를 더 키우고 확대하는 과정에 지렛대가 되는 것뿐이라는 사실을 잊지 말자.

chapter 02

사업계획서를 작성하고
수시로 점검하라

김대박은 창업을 준비 중이다. 정부의 창업지원사업을 통해 자금을 지원받아서 회사를 세우고 제품을 개발하려고 하는데, 여기에 사업계획서를 제출하려다 보니 본인이 생각했던 사업의 내용과는 뭔가 다르게 흘러가는 것 같아 혼란에 빠졌다. 일단 자기가 생각하는 사업을 중심으로 내용을 나름 잘 썼지만 결국 탈락했다. 뭐가 문제인지 알 길이 없어 답답할 뿐이었다.

한편 나창업은 경영학 지식도 있고 문서도 잘 다룰 줄 알아 사업계획서를 아주 멋지게 작성할 수 있었고 창업지원사업 등 몇 개 사업에 선정되어 자금지원도 받았다. 그러나 추가로 R&D지원사업에도 유사한 내용으로 신청했지만 거기서는 똑 떨어지니 어이가 없었다.

위 두 사람은 이후, 모두 창업을 하여 사업을 시작했는데 1년 반 만에 자본금을 모두 소진하고 회사 문을 닫고 말았다. 사업계획서를 잘 쓴 사람이나 잘 못 쓴 사람이나 모두 문을 닫았다니, 도대체 뭐가 문제였던 것일까?

사업계획? 사업계획서?

사업계획은 정부지원사업이나 투자유치를 위해서만 필요한 것일까? 창업자들을 만나보면 대부분 머릿속으로만 계획을 그리고 있으며 특별히 문서나 시각화된 자료는 갖고 있지 않는 경우가 대부분이다. 그리고 정부지원사업 등에 참여하려는 창업자들은 정부지원사업별로 제시되는 사업계획서의 틀에 맞게 작성한 사업계획서를 가지고 있을 뿐이다.

정작 진짜 자신의 사업을 위한 계획이나 이를 시각화한 사업계획서가 존재하는 경우는 보기가 힘들다. 사실 창업자들에게 '사업계획이 있느냐?'고 물으면 대부분은 있다고 답을 한다. 그러면 다시 '사업계획서는 있느냐?'로 물으면 거기서 머뭇거린다. 머릿속으로 전체적인 방향성이나 당장 진행할 일에 대한 계획 정도만 모호하게 그려져 있는 경우가 대부분인 것이다. 사업계획이나 사업계획서가 있다고 대답한 사람들도 구체적인 목표수치나 일정 등을 물으면 역시 답을 못하거나 모호한 계획을 합리화시키려고 애를 쓰곤 한다.

개인이든 기업이든 목표를 정하고 그 목표를 달성하려면 단계별 계획이 필요하다. 그래서 하다못해 초등학생들도 하루의 시간계획표를 그려놓기도 하며, 좀 더 명확한 목표가 생긴 나이가 되면 다이어리나 플래너를 사용하면서 시간관리, 성과관리도 하지 않는가. 운영이 잘 되고 있는 모든 기업은 매년 사업계획을 수립하고, 이에 대한 중간점 검과 최종점검도 실시한다. 사업을 하려는데 계획이 없거나 이를 평 가 가능한 형태로 해놓지 않는다는 것은 위험한 일이다. 창업을 준비 할 때는 반드시 눈에 보이는 방법으로 사업계획을 세우고 구체적인 방법과 목표기한 등을 정해놓고 수시로 점검 및 평가할 필요가 있다.

사업계획서는 크게 경영을 위한 사업계획서, 자금조달을 위한 사업 계획서로 나눌 수 있다. 그리고 자금조달을 위한 사업계획서는 다시 정부지원사업 등에 참여하는 용도와 투자유치 등에 필요한 사업계획 서(소위 IR이라 불린다)로 나눌 수 있다. 이에 대해 간단히 알아보기로 하자.

자금조달을 위한 사업계획서(대외용)

정부의 창업지원사업이나 R&D지원사업 등 각종 정부지원사업에 참여하거나 투자를 유치하기 위해서는 사업계획서를 작성해야 한다. 그런데 특히 정부지원사업에 참여하는 경우에는 실제 사업과는 사실 상 다른 내용을 작성하거나 아이템은 동일하지만 그럴듯하게 과장된 표현이 중심이 되는 게 현실이다. 그러다 보니 지원사업에 참여해본 창업자들은 크게 두 가지 반응으로 나뉜다. 정부지원사업을 통한 자 금 유치 자체가 마치 사업처럼 되어 지원사업에만 매달리는 창업자가 있는 반면, 실제 본인의 사업과의 괴리감을 느껴 참여를 포기하는 창업자들이 있는 실정이다. 그러나 사업계획서는 잘만 쓴다면 정부지원 사업 등에 도움이 될 수는 있기에 많은 창업자들이 관심을 갖고 있는 게 사실이다.

각종 지원사업에 제출하기 위한 사업계획서는 각 주관기관이나 세부적인 지원사업 유형에 따라 정해진 양식이 있어 그에 맞추어 작성해야 한다. 여기에서는 창업의 동기와 사업 아이템의 경쟁력 그리고 마케팅 전략인 STP(Segmentation·Targeting·Positioning)와 4P(Product ·Place·Price·Promotion)전략을 충실히 표현하여야 한다. 그리고 3C(Customer,·Competitor·Company) 또는 5Forces를 활용하여 경쟁분석과 자신의 기술력 및 본인의 역량을 표현하는 것이 중요하다. 그리고 예상 매출계획은 가장 좋은 성과를 기준으로 작성해야 한다. 여기에 더불어 창업자들이 한 가지 간과하곤 하는 것이 바로 '정책부합성'이다. 정부기관이나 정부기관과 협력하는 투자자들은 그 사업이 국가의 산업발전이나 수출활성화, 고용창출에 도움이 되는지 그리고 정부가 장려하는 산업분야에 해당되는지 여부를 중요하게 생각한다. 비록 수익성이 높을 것으로 보이는 사업 아이템이라고 해도 그것이 정부의 방향성과 맞지 않거나 창업자 개인에게만 이익이 되는 것이라면 선정되기는 어렵다. 그리고 외부에 보여주는 사업계획서이며 여러 경쟁자들 사이에서 눈에 띄어야 하는 상황이므로 사업계획서 자체를 깔끔하고 보기 좋게 도식화하는 것도 중요하다.

일반적인 창업지원사업 외에 기술개발사업(R&D 자금)과 같은 지원사업의 경우에는 수익성, 고용창출 등도 중요한 부분이지만 특히 이

기술이 어떤 가치가 있고 어떤 기술적 차별성과 기술력으로 시행할 것인지 '기술적' 관점에서의 접근이 필요하다. 일반적으로 투자자들은 '기술성' 자체보다는 '수익성'에 초점을 맞춘다. 그래서 일반적인 대외 사업계획서나 창업지원사업용 사업계획서에서는 기술은 간략히 다루고 시장의 특성과 마케팅 전략 및 매출액을 표현하는 것이 중요하다면 R&D분야의 지원사업에서는 '기술성'을 강조해야만 한다는 차이가 있다. 그러나 이러한 사업계획서는 말 그대로 사업계획서일 뿐, 실제 사업을 위한 계획과는 차이가 큰 것이 현실인 듯하다.

진짜 내 사업을 위한 경영 사업계획서(내부용)

그렇다면 내가 진짜 창업을 하여 사업을 영위하기 위해서는 어떻게 해야 할까? 사실 초기 창업자들은 계획은 머릿속에만 있을 뿐 그냥 일단 해보는 경우가 많은데, 역시 사업계획을 수립하고 이것을 문서화하여 사업계획서를 만드는 것은 꼭 해야 할 일이다. 문서로 작성하는 과정에서 미처 생각지 못했던 필수적 문제점을 발견하고 보완할 수 있으며 시각화된 계획서를 통해 차근차근 자신의 사업을 풀어갈 수 있기 때문이다.

내 사업용 사업계획서는 깔끔하고 멋들어지게 만들 필요는 없다. 주로 달성코자 하는 가치와 매출목표 및 기한 그리고 포지셔닝을 중심으로 수립하는 것이 좋다. 즉, 고객에게 제공하고자 하는 가치와 내가 얻고자 하는 가치를 슬로건이나 포스터와 같은 형태로 눈에 잘 보이게 만들어두면 의지가 샘솟게 되며, 마케팅의 4P와 함께 목표 수익

(Profit)을 포함한 5P를 반드시 정하여 이를 달성하기 위한 구체적인 행동과 업무를 수치화하여 날짜별 혹은 유형별로 정리해두면 점검, 평가 및 보완하기 수월하다. 또한 이러한 계획서가 눈에 보이게 정리되어 있어야만 업무가 다른 방향으로 흘러가고 있을 때 그것을 파악하고 바로잡을 수 있어지는 것이다.

보통 창업기업의 경우는 대표자가 곧 회사인 경우가 많기에, 대표자 개인의 플랜을 세우는 것과 함께 다른 계획을 포함시켜도 좋다. 자신의 건강관리 계획이나 공부계획과 함께 사업을 하는 데 필요한 업무를 같이 플래너 등에 표시하는 것처럼 말이다.

chapter 03

단계별로 자금조달
계획을 세우자

주식회사 대박은 연매출 50억 정도를 올리는 제조업체로 특허받은 신

제품을 양산하기 위한 자금이 필요했다.

이에 엔젤투자자를 대상으로 투자제안을 하는 IR(Investor Relations)

과 정부의 R&D지원사업을 통해 자금을 마련하는 것이 가장 합리적이

라고 판단하여 본격적인 준비에 착수했다.

한편 주식회사 경쟁은 설립된 지 1년 된 신생기업으로 초기 제품 양산

을 위한 소요자금을 창업지원자금을 통해 충당하여 성장할 수 있었다.

사업을 위해서는 많은 자금이 필요하게 되는데, 이러한 자금의 조달 방

법은 어떤 것들이 있을까?

자금조달의 기본 흐름

기업은 성장함에 따라 지속적으로 자금이 필요하다. 가끔 뉴스에서 어떤 벤처기업이 대규모 투자를 받았다거나 어떤 중소기업이 코스닥이나 코스피에 상장했다는 소식을 들은 적이 있을 것이다. 이러한 방법들은 기업이 성장함에 따라 가용자금을 확보하기 위한 자금조달 전략에 해당한다.

모든 사업에 있어, 창업하기 전부터 자금이 필요하다. 작은 식당을 하려 해도 사업자를 내기 전에 우선 관련 정보수집을 하거나 요리법을 배우기 위해 크고 작은 비용이 들고, 매장과 집기를 구해야 한다. 기술창업의 경우에도 기술개발을 위한 각종 비용이 드는데 이러한 사전 준비비용은 대부분 자기자금을 투입하게 된다. 간혹 이 단계에서부터 은행대출이나 정부의 창업지원자금 중 융자를 이용하는 경우가 있는데 전문가들은 이를 권장하지 않는다. 최소한 3년 정도는 버틸 정도의 자금은 확보하고 사업을 시작하거나 짧은 기간 안에 수익이 나서 자금을 추가 확보할 수 있는 경우가 아니라면 돈 없이 사업에 뛰어드는 것은 매우 위험하다.

창업을 하고 본격적으로 사업화를 추진하면서 성장단계에 접어들기 위해서는 주로 홍보와 영업, 유통망 구축 등을 위한 자금이 들어가게 된다. 사업체 운영을 위한 임차료, 공과금 및 인건비 등 고정비용도 발생하기에 준비단계에 비해 훨씬 더 많은 돈이 필요하게 된다. 이 단계에서는 사업 아이템이 결정되어 있고 추진방향도 확실한 편이기 때문에 지인에게 투자를 받거나 정부의 창업자금이나 기타 지원사업을 이용하여 자금을 조달한다. 물론 추가적인 자기 자금도 투입을 해야만 한다.

어느 정도 사업이 성과를 내면 기업은 이제 더 많은 고객 확보와 매출 증대를 위해 생산설비를 늘리거나 추가 제품을 개발하거나 직원을 충원해야 하는 중요한 시기에 도달하게 된다. 실제 업종이나 여건에 따라 차이는 있겠지만, 보통 5년 차에서 7년 차에 이러한 변화를 겪는다고 보는데 이 시기에 데스밸리(Death Valley)라 부르는 자금이 메마르는 위기 상황이 나타나기도 한다. 이 시기를 아주 잘 넘겨야만 기업은 승승장구하며 성공가도를 달릴 수 있게 된다. 이때는 정부의 성장단계 기업을 위한 지원사업을 활용하거나 엔젤투자 혹은 크라우드펀딩 등을 통해 자금을 확보하는 것이 가장 합리적이다. 창업자들이나 영세한 중소기업에서는 항상 자금의 부족을 호소하며 투자를 받고 싶다고 하지만, 실상은 어떤 구체적인 사업내용과 성과가 보이지 않는 상황에서 투자를 받기는 우리나라에선 특히나 더 어렵다. 그래서 대부분의 기업들은 초기 성장단계에서 성과가 눈에 보이고, 더욱 성장할 가능성이 확인될 때 엔젤투자자 등 제3자에 의한 투자가 드디어 일어나기 시작하는 것이다. 이 단계 전까지는 투자자라고 하면 대부분이 동료나 친구, 친척 등을 통한 지인투자로 가게 된다. 여기서 한 단계 더 점프업하면 좀 더 큰 규모의 엔젤투자를 받거나 벤처캐피탈로부터 대규모 투자를 받을 수도 있게 된다.

마지막으로 중소기업이라는 타이틀에서 벗어나 중견기업의 반열에 오르거나 중소기업 중에서도 아주 탁월한 성과를 내는 강소기업(强小

企業)의 단계까지 도달하면 주로 주식시장에 상장하는 기업공개(IPO)를 하거나 아니면 높은 가치로 기업을 타 기업에 매각하여 자금을 확보함으로써 시장에서 빠져나오거나 신사업을 추진하는 출구전략으로 삼기도 한다. 일부 창업자들은 기업을 어느 정도 키운 후에 매각하여 수익을 얻는 것을 애초에 목표로 설정하고 창업하는 경우도 있으며 투자자들은 주로 IPO를 통해 투자이익을 실현하는 것을 목적으로 하는 것이 일반적이다.

기술개발(R&D)지원 자금

기업 성장에 따른 일반적인 자금조달 전략도 있지만, 제조업을 비롯한 기술기반 기업의 경우에는 정부의 R&D지원사업을 잘 활용하는 것도 큰 도움이 된다. 특히 부채로 인식되는 융자방식의 정책자금이

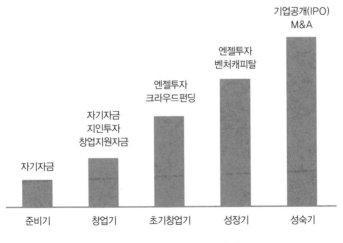

〈기업 성장단계별 자금조달 방법〉

나 투자자에게 배당해줘야 할 의무를 갖는 투자금과 달리 정부의 R&D자금은 성실하게 임하기만 한다면 갚을 필요가 없이 완전히 지원받는 '출연금'이다. 정부에서 국가 및 기업의 기술개발을 장려하기 위하여 적극 지원하고 있는 제도로서 기술을 가지고 창업하거나 사업을 영위 중인 기업이라면 중소벤처기업부(www.mss.go.kr)와 중소기업기술정보진흥원(www.tipa.or.kr) 등을 잘 활용하길 바란다.

chapter 04

개인기업과 법인기업,
어떻게 시작할 것인가?

나창업은 새로운 아이템을 갖고 창업하려고 준비 중이다. 그런데 기업을 막상 차리려 하니 창업형태를 어떻게 할지 고민이 이만저만이 아니었다. 주변 조언을 얻다보니 개인기업이 아닌 법인으로 설립하는 게 더 유리하다는 얘기도 듣고 법인을 설립하면 이런저런 행정적인 업무가 생겨서 불편한 게 한두 가지가 아니라는 얘기도 들어 여러 가지로 고민이 되었다. 또 나창업은 이 아이템으로 창업을 하는데 혼자 창업하는 게 나을지 아님 주변 지인 등 뜻을 같이 하는 사람들과 같이 창업할지도 고민이었다.

과연 어떤 형태로 창업하는 것이 나창업의 사업 성장을 위해서 유리할까?

창업을 꿈꾸는 많은 사람들이 창업을 시작하기에 앞서 창업에 관한 많은 고민을 하게 된다. 오랜 구상 끝에 창업을 마음먹었다면 일단 가장 먼저 할 질문이 있다. 회사는 어떻게 설립해야 할까?

회사 설립 형태는 개인기업과 법인기업 2가지가 있다. 설립절차가 서로 다르고 운영 과정에서도 장단점이 있는 만큼 창업자는 2가지 중 하나를 선택해야 한다.

구분	개인기업	법인기업
장점	설립절차가 간단 의사결정 과정이 딘순 회사자금 인출에 제약 없음	대규모 자금조달이 용이함 채무에 대한 유한책임 법인세율이 상대적으로 낮음
단점	자금조달이 상대적으로 어려움 채무에 대한 무한책임 일정소득 이상이면 높은 세율 적용	설립절차가 상대적으로 복잡 의사결정 과정이 복잡 회사자금 인출 시 일정한 형식 구분 필요

설립절차

개인기업은 사업자 관할 세무서에 사업자등록을 신청하고 며칠 안에 사업자등록증을 받으면 그걸로 설립절차는 끝나므로 매우 간단하다. 만일 인허가가 필요한 업종이라면 사업자등록 전 관할관청에 인허가를 받아야 한다. 행정안전부의 생활공감지도(gmap.go.kr)에서 인허가자가진단을 활용해 인허가 여부를 사전에 파악할 필요가 있다.

법인기업은 상법상 종류가 많지만 보통 주식회사 형태 법인설립이 대부분이다. 주식회사를 설립할 때에는 사업자등록뿐 아니라 정관 작성과 자본금 납입, 설립등기 등 일정 절차가 필요하다. 개인기업보다 상대적으로 설립절차가 까다롭지만 법무사 사무실을 통해 제반 행정 절차를 대리하면 보통 1주일 안에 설립절차가 끝난다. 법인기업이라고 해서 설립까지 오랜 시간이 걸리는 건 아니다.

의사결정기구 유무

개인기업은 법으로 정해진 의사결정기구가 없어 신속한 의사결정이 가능하다. 하지만 법인기업은 중요한 의사결정을 하려면 상법에서 규정한 일련의 절차를 따라야 한다. 예를 들어 이사를 선임하려면 주주총회를 열어야 하고 은행에서 대규모 자금을 빌리려면 이사회 승인을 받고 이사회의사록을 작성해야 하는 식이다.

회사자금 인출

개인기업을 운영한다면 통장에 쌓인 현금은 개인소유이다. 사업을 통해 벌어들인 현금을 다른 통장으로 옮기거나 찾아서 쓰는 데 아무런 문제가 없다.

한편 법인기업은 법에 따라 인격을 부여받은 주체이다. 따라서 법인기업은 부동산이나 차량 등을 소유할 수도 있고 법인명의 예금 계좌를 개설하기도 한다. 다시 말해 법인기업 자금과 대표이사 등의 개인 자금은 완전히 분리해서 생각해야 한다. 만일 대표이사가 법인기업 계좌에서 자금을 인출해 개인적으로 썼다면 법인기업 입장에선 대표이사가 빌려간 것으로 회계처리를 하는 게 보통이다. 언젠가는 대표이사가 인출 자금을 법인기업 계좌에 다시 넣어야 할 의무가 있는 건 물론이다. 이 점에서 자금 인출이 자유로운 개인기업과 차이가 있다.

자금조달의 용이성

앞으로 사업이 성장해 투자가 필요하다면 개인기업이 투자를 받기는 쉽지 않다. 개인기업에 대해 지분을 나눈다는 개념이 모호할 뿐 아니라 투자받은 자금을 개인이 사업과 관련없이 다른 곳에 쓸 수도 있고 개인 신용에 의존하는 게 투자자 입장에선 부담이 되기 때문이다.

반면 법인기업은 주식을 발행해 투자자금에 대한 지분을 보장해줄 수 있고 법인기업의 적절한 운영과 관리를 위한 장치, 예를 들어 장부의 기장의무나 등기의무, 회계감사, 법적절차에 따른 의사결정 등이 존재한다. 또 개인신용과 법인신용이 서로 다르고 절연되어 있는 만큼 개인기업보다 투자에 훨씬 유리하다고 볼 수 있다.

채무에 대한 책임

사업과정에서 갚아야 할 물품대금이나 대출금 같은 채무가 생겼을 때 개인기업은 사업에서 벌어들인 소득으로 갚지 못하더라도 개인이 채무에 대해 끝까지 책임진다. 반면 법인기업의 채무는 원칙적으로 법인이 갚아야 한다. 즉, 법인이 갚지 못한 채무를 주주가 대신 갚아줘야 할 의무는 없다. 다만 50%를 초과하는 법인지분을 보유한 주주라면 상법상 법인기업이 납부하지 못한 세금에 대해선 주주가 대신해서 납부할 의무가 있다.

적용세율의 차이

이익에 적용되는 세율은 이익(과세표준) 규모에 따라 달라진다.
개인기업에 적용되는 세율은 다음과 같다.

종합소득과세표준	세율
1,200만 원 이하	6%
4,600만 원 이하	72만 원 + 1,200만 원 초과 15%
8,800만 원 이하	582만 원 + 4,600만 원 초과 15%
1억5,000만 원 이하	1,590만 원 + 8,800만 원 초과 35%
3억 원 이하	3,760만 원 + 1억5,000만 원 초과 38%
5억 원 이하	9,460만 원 + 3억 원 초과 40%
5억 원 초과	1억7,460만 원 + 5억 원 초과 42%

개인기업의 소득은 개인의 사업소득으로 분류되어 종합소득세에 합산되며, 사업소득 외 다른 소득(예를들어 임대소득, 근로소득, 기타소득 등)이 있다면 이를 합산하여 종합소득을 산출한다.

한편, 법인기업 세율은 벌어들인 이익에 대해 2억까지 10%, 2억 초과분에 대해선 20%, 200억 초과분에는 22%를 적용한다. 매출규모가 커질수록 개인기업보다 세부담 측면에서 유리하다고 볼 수 있다.

과세표준	세율
2억 원	10%
2억 원 ~ 200억 원	2,000만 원 + (2억 원 초과 금액의 20%)
200억 원 초과	39억 8,000만 원 + (200억 원 초과 금액의 22%)

정확하게 계산해보면 연간 사업을 통해 벌어들인 이익이 2,160만

원이라면 개인기업이나 법인기업 모두 216만 원 세부담이 있다. 하지만 2,160만 원이 넘으면 법인이 유리하다.

일반적으로 연이익이 2,160만 원을 넘는 게 통상적이므로 스타트업을 시작한다면 주식회사 형태의 법인기업이 유리하다. 특히 공동창업의 경우엔 더더욱 법인기업이 유리하다. 많은 창업자가 혼자 시작하기보단 팀을 구성해 창업한다. 이때 공동창업자 간 이익 분배 비율은 주식 소유비율을 정하면 자연스럽게 해결된다. 또 신규 투자나 대출을 받을 때에도 대외 신인도가 높고 주식이나 회사채를 발행할 수 있는 주식회사가 유리하다. 세부담 측면에서도 법인기업이 더 낮은 세율을 적용받는 경우가 대부분이다. 따라서 스타트업을 창업한다면 주식회사를 설립해 시작하는 걸 고민해볼 필요가 있다.

공동창업의 장단점
창업 리스크를 줄이기 위해 동업이 활성화되고 있다. 공동으로 투자하고 수익을 나눔으로써 초기 부담을 줄일 수 있을 뿐 아니라 서로의 장점을 발휘해 시너지 효과를 낼 수도 있다. 자본이 부족하거나 경험이 없을 경우 동업은 좋은 방안이 될 수 있다.

'공동창업'은 자본금 부족으로 인한 아이템 선택의 한계와 입지선정의 불리함을 극복할 수 있다는 점이 장점이다. 성공을 확신하는 사업 아이템이 있지만 창업자금이 부족할 때 공동창업이 가장 현실적인 대안이 되고 있는 것이다. 친구, 형제, 선후배 등이 창업비용을 나눠 투자하면서 사업의 성공 가능성을 높일 수 있기 때문이다.

하지만 공동창업은 장점만큼 단점도 적지 않다. 다자간 투자의 경우 한번 의견이 엇갈리기 시작하면 분쟁으로 번져 사업을 망치기 십상이기 때문이다.

이 때문에 공동창업 시 투자자 간 상호합의로 체계적인 운영 시스템의 구축이 선행되어야 하며, 충동적인 투자 등 경영상의 결정이 이뤄져서는 안 된다. 공동창업을 성공하려면 서로에 대한 배려는 물론 목표의식이 뚜렷해야 성공할 수 있다. 서로 생각하는 부분이 다르기 때문에 자칫 잘못하면 좋은 사이도 원수가 될 수도 있기 때문에 공동 창업을 하려면 서로에 대한 배려는 물론이거니와 이해를 할 줄 알아야만 성공 창업으로 이어질 수 있을 것이다.

우선 우리 주위에서 공동창업을 한다고 하면 찬성보다는 반대의견이 더 많을 것이다. 그만큼 성공보다는 실패 위험도가 더 많기 때문이다. 하지만 확신하고 있는 유망한 사업이 있는데 자금은 부족하고 금융기관이나 다른 사람으로부터 자금을 빌리려고 해도 용이하지 않는 경우라면 공동출자, 즉 '동업'을 하는 것이 현명한 선택이 될 수 있다.

공동창업의 장점을 보자면 우선 동업은 2인 이상이 출자한 자본으로 규모 있는 사업에 도전해 수익성을 높일 수 있고 상대적으로 리스크를 낮출 수 있다. 동업으로 자금이 모아지면 규모의 경제효과로 상대적으로 여유 있는 자금을 이용해 중심상권에 입점하거나 대형 평수로 입점해 수익성을 좀 더 높일 수 있다. 이밖에 안정감과 주인의식

공유로 시너지 효과를 기대할 수 있고 종업원을 고용할 때보다 효율성도 훨씬 높다는 장점이 존재하기도 한다.

공동창업의 경우 상호이해가 엇갈려 성공보다는 실패 위험도가 높은 것은 사실이나 철저한 사전계획과 역할분담을 해서 창업에 임하면 수익 면에서 혼자 창업을 하는 것보다 배가 될 수 있는 장점도 가지고 있다. 다만 공동창업 이전에 계약조건을 분명히 하고, 애매한 업무 문담이 아닌 계획적인 업무 분담으로 분쟁거리가 생기지 않도록 서로 간에 배려와 이해관계가 이루어져야 한다. 점포 임대료(권리금) 상승, 최저임금 상승으로 인한 인건비 상승 등 투자비용이 점점 더 많아지는 현실을 고려한다면 투자와 운영을 동시에 함께 할 수 있는 공동창업이 성공창업의 대세라 할 수 있다.

성공적인 공동창업을 위한 9가지

① 개인별 투자목적을 미리 구체화하라.
② 매출을 부풀리지 말고 현실적으로 예측해 기대 수준을 조정하라.
③ 투자에 따른 분배비율과 수익분배 원칙을 미리 정하라.
④ 리스크 대처 및 추가투자비 분담에 대해 미리 의견을 나눠라.
⑤ 회계 및 의사결정 과정이 투명해야 한다.
⑥ 역할분담이 구체화돼야 한다.
⑦ 지출 등 중요한 의사결정과 운영 원칙을 미리 의논한다.
⑧ 필요하다면 소유와 경영을 분리하라.
⑨ 수익성 악화에 대한 수익보전원칙을 만든다.

---

chapter 05

동업, 득이 될 것인가?
실이 될 것인가?

사례 1. 김대박과 나창업이 동일한 자금을 투자하여 동업으로 사업을 운영하다가 갑자기 나창업이 동업을 그만둔다고 김대박에게 통보하였다. 김대박은 혼자서라도 사업을 계속 유지하고 싶은데 청산절차를 거쳐 사업을 정리하여야 하는지, 사업을 계속 유지할 수 있다면 나창업에게 얼마를 지급해야 하는지 궁금했다. 그리고 나창업이 회사자금을 빌려간 상황인데 이 문제는 어떻게 처리해야 할까?

동업자 탈퇴 후 사업의 유지

일반적인 경우의 동업은 민법 제703조 이하에서 정하고 있는 '조합'에 해당하는 법률관계다. 대법원은 "2인 조합에서 조합원 1인이 탈퇴하면 조합관계는 종료되지만 특별한 사정이 없는 한 조합이 해산되지 아니하고, 조합원의 합유에 속하였던 재산은 남은 조합원의 단독소유에 속하게 되어 기존의 공동사업은 청산절차를 거치지 않고 잔존자가 계속 유지할 수 있다(대법원 2006. 3. 9. 선고 2004다49693 판결)."고 하므로 김대박은 공동사업을 청산하지 않고 계속 유지할 수 있다.

동업자 탈퇴 시 정산

또한 "2인 조합에서 조합원 1인이 탈퇴하는 경우, 탈퇴자와 잔존자 사이에 탈퇴로 인한 계산을 함에 있어서는 특단의 사정이 없는 한 민법 제719조 제1항, 제2항의 규정에 따라 '탈퇴 당시의 조합재산상태'를 기준으로 평가한 조합재산 중 탈퇴자의 지분에 해당하는 금액을 금전으로 반환하여야 할 것이고, 이러한 계산은 사업의 계속을 전제로 하는 것이므로 조합재산의 가액은 단순한 매매가격이 아닌 '영업권의 가치를 포함하는 영업가격'에 의하여 평가하되, 당해 조합원의 지분비율은 조합청산의 경우에 실제 출자한 자산가액의 비율에 의하는 것과는 달리 '조합내부의 손익분배 비율'을 기준으로 계산하여야 하는 것이 원칙이다."라고 하여, 영업권의 가치를 포함하는 영업가격에 의하여 조합재산 가액을 평가하되, 당초 출자한 자산가액 비율이 아니라 동업자 사이에 정해진 손익분배 비율에 상응하는 지분비율 해당 금액을 금전으로 탈퇴자에게 반환하여야 한다고 하였다.

그리고 대법원은 "2인 조합에서 조합원 1인이 탈퇴하는 경우, 조합

의 탈퇴자에 대한 채권은 잔존자에게 귀속되므로 잔존자는 이를 자동

채권으로 하여 탈퇴자에 대한 지분 상당의 조합재산 반환채무와 상계

할 수 있다."고 하였으므로, 김대박은 나창업에게 동업 탈퇴에 따라

나창업의 지분을 현금으로 지급하여야 하는 금액에서 나창업이 빌려

간 회사자금에 해당하는 금액을 상계하고 지급할 수 있다.

> 사례 2. 김대박과 나창업이 동업관계에 있었는데, 김대박이 동업체의
> 경영을 맡아 하였고, 김대박이 나창업에게 투자금을 반환하는 경우에는
> 언제든지 동업관계를 해소시킬 수 있는 약정이 있었다. 이 경우 김대박
> 이 동업체에 들어온 자금을 자신의 개인 채무 변제에 사용하면 문제가
> 될까?

동업재산을 소비한 경우 횡령죄 성립 가능

"동업자 사이에 손익분배의 정산이 되지 않았다면, 동업자 한 사람

은 동업자들의 합유에 속하는 동업재산 전체를 보관하는 지위에 있다

고 보아야 할 것이고 임의로 동업재산을 처분할 권한이 없는 것이므

로, 이러한 경우 동업자 중 한 사람이 동업재산 중 일부를 동업자를

위하여 사용하지 않고, 자기 또는 제3자를 위하여 임의로 소비하였다

면, 투자지분비율 및 이익금 상환비율에 관계없이 임의로 소비한 금

액을 바로 횡령금액으로 볼 수 있다(대법원 2000. 11. 10. 선고 2000도

3013판결)."는 것이 대법원의 입장이다.

그리고 "약정기간 내에 투자원리금을 반제함으로써 동 계약을 해소시킬 수 있다고 한 해지권 유보의 특약이 있더라도 그 해지권 행사 전에 동업자금을 개인채무의 변제에 충당하였다면 그 특약의 존재는 횡령죄의 성립에 아무런 영향이 없다(대법원 1984. 1. 24. 선고 83도940 판결)."는 것이 대법원의 입장이므로, 실제로 김대박이 나창업에게 투자금을 반환하고 동업관계를 해지하지 않은 이상 김대박이 보관하던 동업체의 자금을 개인 용도로 사용한 것은 횡령죄에 해당된다.

> 사례 3. 김대박을 비롯한 3인이 동업을 하기로 하였는데, 대출은 김대박 단독 명의로 받아 대출금을 사업자금으로 사용했다. 그런데 김대박 명의로 대출받은 대출금에 대하여 다른 동업자들은 책임을 회피하고 있다. 다른 동업자들로부터 그 지분에 해당하는 대출금을 책임지라고 할 수 있을까?

동업자 사이 책임 분담

"동업자들이 처음부터 각자 자기 몫의 출자를 하는 통상적인 경우가 아니라 동업자 중 1인의 부동산을 담보로 한 융자금을 전체 출자금으로 삼아 위 차용금으로서 동업체의 운영경비 일절에 충당키로 약정한 외에 달리 실질적인 출자약정을 한 바 없으나 동업자 간의 손익 분배 비율을 균등하게 정하고 있다면 특단의 사정이 없는 한 위 차용 금액에 의한 출자비율은 균등한 것으로 추정함이 타당하다(대법원 1986. 3. 11. 선고 85다카2317 판결)."는 판례의 입장에 따라 김대박은 다른 동업자들에게 동업계약에 정해진 손익분배비율 대로 대출금을 책임지라고 요구할 수 있다.

동업계약 시 특히 유의할 사항

동업 관계에서는 출자의무를 제대로 이행하지 않거나 이익 및 손실의 분배, 지분 양도, 청산 시 잔여재산의 처리에 관하여 분쟁이 발생하는 경우가 많다. 따라서 동업자별로 출자 방법, 출자금액, 언제까지 출자금을 납입할 것인지, 손익분배 비율을 어떻게 정할 것인지, 동업자별로 어떠한 의무를 부담하는지, 동업지분의 양도를 가능하게 할 것인지, 가능하다면 지분 양도방법이나 양도금액, 사업을 청산할 때 잔여재산이 있는 경우 그 평가 및 분배, 손실이 발생하는 경우 그 분배 방법을 어떻게 할 것인지에 대하여 자세하고 명확한 내용을 기재한 동업계약서를 작성하여 두는 것이 좋다.

chapter 06

유한회사 창업의
장점을 활용하자

김대박은 회사를 설립하여 법인사업자로 사업을 시작하려고 한다. 주식회사로 설립하는 것이 좋은지 아니면 유한회사로 설립하는 것이 좋은지 고민하고 있는 상황이다. 주변에서는 유한회사 설립을 추천하던데, 유한회사는 주식회사와 어떤 차이가 있을까?

상장을 목적으로 하지 않는다면 유한회사로

주식회사는 영어로 Co., Ltd. 유한회사는 영어로 Limited라고 구분을 한다. 그러나 유한회사는 실제로 주식회사와 크게 다르지 않다. 과거 상법이 개정되기 이전에는 주식회사의 형태가 설립과 운영에 편의가 있었는데, 이제는 유한회사가 더 편리하다.

주식회사와 유한회사는 조직형태는 유사하지만 유한회사는 주식회사와 달리 이사회가 없고, 사원총회에서 업무집행 및 회사대표를 선임한다. 따라서 유한회사는 주식회사와 비교하여 폐쇄적이고 비공개적인 형태의 조직을 가지며, 주식회사보다 설립절차가 비교적 간단하고 사원총회 소집절차도 간단하다는 장점이 있다.

상장을 목적으로 하는 회사라면 반드시 주식회사의 형태가 되어야 한다. 그러나 상장을 목적으로 하지 않는 회사의 경우 유한회사가 오히려 더 편하다. 대부분의 1인 창조기업이나 개인사업자와 같은 법인의 형태는 특히 주식회사보다 유한회사가 실질적이다.

유한회사는 주주 수가 많지 않아 의사결정 과정이 복잡하지 않은 곳 위주로 설립되며 대량의 자본 유치나 투자가 필요한 제조업, 유통업 관련 기업들은 잘 채택하지 않는 경향이 있다.

국내에서는 주로 외국계 회사들이 유한회사를 선호하는 분위기이다. 한국마이크로소프트, 한국휴렛팩커드, 페이스북코리아, 구글코리아, 그루폰코리아, 샤넬코리아, 나이키코리아, 록시땅코리아, 한국캐봇마이크로일렉트로닉스 등이 여기에 해당한다.

유한회사는 외부감사나 공시 의무가 없다

유한회사는 자기가 투자한 지분만큼만 책임을 진다는 점 외에 외부감사나 공시 의무가 없다는 특징이 있다.

외부감사를 받는 데 적잖은 시간과 비용이 들게 되므로 차라리 유한회사로 전환하면 이런 비용들을 아낄 수 있기 때문이다. 특히 외국계 회사들 같은 경우, 외국 본사가 주요 의사결정을 하고 대규모 설비 투자가 필요 없는 국내 법인일 경우 굳이 상장을 목표로 국내 주주를 끌어들여 투자받을 이유가 없기 때문에 유한회사를 선호한다.

그리고 단순히 매출 공개 등의 정보가 알려지는 것보다 원가율 등 재무제표상 추정 가능한 기업 고유의 경영방식이 노출되는 걸 꺼릴 경우 유한회사를 택하기도 한다.

사업 리스크가 클 경우 유한회사는 여차하면 폐업하기 쉽다는 점도 장점 중의 한가지이다. 유한회사는 말 그대로 자신이 투자한 부분에 대해서만 책임을 진다. 망하더라도 회사 채권자에 대한 책임은 없다. 게다가 최근에는 유한회사 설립 절차나 조건이 훨씬 수월해졌다. 최근 개정된 상법에 따르면 사원수나 지분 양도 제한이 없어졌다. 종전 상법은 사원수가 원칙적으로 50인을 초과하지 못하고 지분도 주주 간이 아니면 양도가 어렵도록 규정하고 있었다.

유한회사는 주금납입증명서나 잔고증명서가 필요없다

주식회사의 설립 시는 회사의 자본금을 증명할 수 있는 주금납입증명서나 잔고증명서가 반드시 필요하다.

그러나 유한회사는 이러한 주금납입증명서나 잔고증명서가 필요없이 회사가 자본금 납입 확인서만으로 설립이 가능하다.

chapter 07

상호는 어떻게 지어야 할까?

인천 남동공단에서 '주식회사 대박'이라는 상호로 자동차 부품 제조업을 하려는 김대박 대표는 담당 세무사를 통해서 상호검색을 문의한 결과 인천시에 '주식회사 대박크노(사업목적은 휴대전화 부품 제조업)'라는 상호가 사용되고 있다고 연락을 받았다. 이에 김대박 대표는 주식회사 대박(사업목적은 자동차 부품 제조업)이라는 상호를 반드시 사용해서 사업을 하고 싶은데 이것이 가능할까?

상호 검색방법

주식회사의 이름을 '상호'라고 한다. 주식회사를 설립하기 위해서는 반드시 상호가 필요하다. 상호는 주식회사의 얼굴이나 마찬가지이기 때문에 이를 정하기 위하여 충분히 생각할 필요가 있다.

상호는 원칙적으로 자유롭게 지을 수 있다. 그러나 동일한 특별시·
광역시·시 또는 군 내에서는 동일한 영업을 위하여 다른 사람이 등기
한 것과 동일한 상호는 등기할 수 없다(상업등기법 제29조). 또한 타인
의 영업으로 오인할 수 있는 상호를 사용하는 행위는 상법, 부정경쟁
방지 및 영업비밀보호에 관한 법률에 의하여 금지된다(상법 제23조 제
1항, 제4항, 부정경쟁방지 및 영업비밀보호에 관한 법률 제2조 제1호 나목).

새로 지은 주식회사의 상호가 이미 등록되어 있는지 알아보려면 인
디넷등기소(www.iros.go.kr) 사이트 하단에 있는 법인상호검색을 해보
면 된다.

동종의 영업을 하는 경우에만 동일 상호 사용금지

2009년 5월부터 시행된 개정 상법에서 유사 상호 사용금지 제도가
폐지되고 대신에 동일 상호 사용금지 제도가 채택됨에 따라 동일 상
호이면서 동종의 영업을 하는 경우에만 동일 상호가 사용이 금지된
다.

주식회사 대박이라는 상호로 기존에 사업을 하는 회사(사업목적은
휴대전화 부품 제조업)와 지금 설립하려는 회사의 사업목적(사업목적은
자동차 부품 제조업)이 동일 또는 동종의 영업에 해당하는지를 판단하
면 상호의 사용 가부가 결정되어질 것이다.

목적은 상인이 수행하거나 하려고 하는 영업을 사회 일반인이 쉽게
인식할 수 있도록 명확하고 구체적이어야 하며, 등기관은 통계청장이

작성·고시하는 한국표준산업분류 중 소분류 이하를 참고하여 목적의 구체성을 판단할 수 있다. 한국표준산업분류에 관한 자세한 내용은 통계청(www.kostat.go.kr)이나 통계분류포탈(kssc.kostat.go.kr)을 참조하면 된다.

통계청장이 작성 고시하는 한국표준산업분류 중 소분류 이하를 참고하여 목적의 구체성을 판단하여 볼 때, 자동차 부품 제조업과 휴대전화 부품 제조업은 그 목적이 동일하다고 볼 수 없다.

따라서 자동차 부품 제조업을 목적으로 하는 상호로 주식회사 대박은 설립등기가 가능하다.

chapter 08

상호와 상표를
보호하는 방법

김대박은 사업의 업종과 업태를 정하고 상호를 정한 후 사업장을 준비하여 사업자등록증을 받고 필요한 각종 인허가를 받았다. 그런데 옆에서 누군가 상호를 상표로 등록받는 것이 좋다고 하는 것이 아닌가. 상호와 상표 대체 어떻게 다른 것일까?

상호와 상표

상호와 상표, 비슷한 듯하지만 서로 다르다. 영업활동상 표시하는데 사용하는 명칭이란 점에서 유사한 점이 있지만 상호는 상법으로 보호되고, 상표는 상표법으로 보호된다는 점에서 다르다.

상호는 상인이나 법인인 회사가 영업활동상 자기를 표시하는 데 사용하는 명칭이다. 명칭이므로 문자로서 표현되어야 하고 호칭할 수 있어야 한다. 예를 들어 법인 회사의 이름인 '삼성전자'나 '애플', 개인 사업자의 가게 이름인 '대박슈퍼' 등이 상호이다.

한편 상표란 자신의 상품과 타인의 상품을 서로 식별하기 위하여 상품의 외부에 부착하는 표장이다. 표장이기 때문에 문자나 도안(로고) 등으로 표시될 수 있다. 예를 들어 스마트폰의 이름인 '갤럭시'나 '아이폰' 등은 상품을 식별하기 위한 것이므로 상표이다.

참고로 서비스표는 제조업, 통신업, 은행업, 운송업, 요식업 등과 같은 서비스업을 영위하는 자가 자기의 서비스업을 타인의 서비스업과 구별되도록 하기 위하여 사용하는 표장이다. 상표와 마찬가지로 문자나 도안 등으로 표시된다. 예를 들어 '삼성전자', 'LG전자' 등의 회사 이름 또는 KT의 '올레'와 같은 서비스 이름은 서비스 제공자의 이름이나 제공하는 서비스 이름을 식별하기 위한 것이므로 서비스표이다.

상호와 상표의 차이

상호와 상표는 신청 방법, 등록 기간, 보호 법률, 지역적 권리 범위, 효력 등이 다르다. 일반적으로 상표가 상호보다 지역적 권리 범위가 넓고 힘도 더 세다.

	상호	상표
신청 방법	등기소에 신청(회사의 상호는 설립등기 사항이므로 설립등기를 하면 자동으로 상호 등기됨)	특허청에 출원
등록 기간	1~2일	보통 약 1년 소요되며, 빠른 등록을 원하는 경우 별도의 우선심사를 통해 기간 단축 가능
보호 법률	상법	상표법
지역적 범위	특별시, 광역시, 시 또는 군 등 신청한 일정 지역 내에서만 효력 발생	한 국가 내에서 특정 업종이나 품목(다른 나라에서 상표권을 인정받으려면 원칙적으로 해당 나라의 특허 또는 상표청에 출원해야 함)
효력	타인이 동일한 지역 내에서 동종 영업의 상호를 등기할 수 없음	상표가 등록되면 대한민국 전국적으로 효력을 가지며, 유사 제품이나 업종에 대해 동일 상표뿐만 아니라 유사 상표에 대한 사용금지와 손해배상청구가 가능하며, 침해자는 민형사상 처벌을 받을 수 있음

상호권은 그 권리의 행사 시에 자신이 그 상호의 최초사용자이고 상대방의 사용은 부정경쟁의 목적이 있으며 그로 인한 손해 발생 우려가 있음을 입증해야 하며(상법 제23조), 그 권리 행사도 일정 지역 내로 제한된다.

그러나 상표권은 대한민국 전국적으로 독점권을 가질 뿐만 아니라 유사업종 및 유사 상표에 대해서 사용을 금지할 수 있으며 최초사용 여부나 상대의 부정경쟁 목적을 입증할 필요가 없다는 점에서 상호권과 비교하여 그 효력이 강력하다.

상호와 상표의 충돌

한편 상호와 상표가 서로 충돌하는 경우도 많다. 상호로서 등기되었으나 상표등록을 받지 않은 경우, 타인의 등록상표로 인하여 제한을 받을 수 있다. 또한 상호는 그 효력이 일정 지역에서만 발휘되는 관계로 상호로서 등기를 마쳤지만 먼저 등록된 상표로 인해 상표등록이 불가능한 경우도 있다.

그 외에 상법 제23조 제1항에서는 부정한 목적으로 타인의 영업으로 오인할 수 있는 상호에 대해서는 사용을 금지하고 있으며, 상표법 제34조 1항 6호에 따라 저명한 타인의 성명·상호와 이들의 약칭을 포함하는 상표는 그 타인의 승낙을 받지 못한 경우 등록받을 수 없다(상표법 7조 1항 6호). 또한 상표법 제34조 제1항 9호에서는 타인의 상품을 표시하는 것이라고 하여 수요자들에게 널리 인식되어 있는 상표와 동일 유사한 상표는 그 타인의 상품과 동일 유사한 상품에 대해서는 등록받을 수 없다.

결국 상호와 상표는 서로 충돌할 가능성이 많은데, 전술한 것처럼 상호권의 효력이 상표권의 효력보다 약하므로 상표등록을 받지 않는 경우 자신이 사용하고 있는 상호가 언젠가는 타인의 상표권을 침해할 가능성이 있다.

순수하게 상호로만 사용하고 한 곳에서만 영업을 하는 경우에는 문제가 되지 않을 수 있지만 사업이 번창하여 여러 지역 나아가 전국적으로 영업을 확장하려 하는 경우에는 문제가 될 수 있다. 기존에 영업하던 곳에서는 계속 사업을 영위할 수 있겠지만 타인이 자신의 상호와 동일 유사한 상표를 등록받은 경우에는 타 지역으로 확장하는 순간 등록상표권자로부터 침해 경고를 받아 분쟁에 휘말릴 수 있으며 최악의 경우에는 상호를 변경해야 하는 경우도 생긴다. 상호를 변경하는 경우 간판, 카탈로그를 비롯하여 모든 광고에서도 상호를 변경해야 하므로 막대한 손실이 생긴다. 따라서 사업 대박을 꿈꾸는 사람이라면 반드시 상호에 대해서 상표출원 및 등록을 고려해야 한다.

chapter 09

상표가 재산이 되게 하는 방법, 상표출원

김대박은 부푼 꿈을 안고 창업하며 수많은 고민 끝에 주식회사 대박이라고 회사명을 지었다. 그 후 사업이 어느 정도 궤도에 올랐는데, 어느 날 매출이 조금씩 줄어들고 있어 왜 그런지 인터넷을 검색하다 자신의 회사와 흡사한 이름의 회사가 비슷한 물건을 팔며 광고를 하고 있는 것을 발견하였다.

한편, 나대박도 자신만의 회사명을 지어 사업을 영위하고 있었는데, 어느날 모르는 회사로부터 나대박이 상표권을 침해하고 있으므로 더 이상 회사명을 쓰지 말라는 경고장을 접수하였다. 간판, 카탈로그, 광고 등에서 회사 이름을 변경하려면 너무 많은 비용과 노력이 소요되어 나대박은 그 문제로 머리가 아팠다.

상표권! 창업 시 우선적으로 고려하라!

상표권은 일반창업부터 기술창업까지 모든 창업자, 나아가 기존에 사업을 영위하고 있는 사업가들도 반드시 챙겨야 할 필수항목이다.

창업하려면 사업의 업종과 업태를 정하고 사업계획을 수립하며 상호를 정하여야 한다. 그러나 대부분의 창업자는 상호를 등록받는 것에서 그칠 뿐, 본인의 회사 이름인 상호와 자신이 개발한 제품이나 서비스의 이름에 대해 상표권을 획득하는 것이 중요하다는 것을 모르고 있다.

창업하고 나서 시간이 많이 흘러 사업이 활성화되고 나서 상표권을 획득하려고 하면 타인의 등록상표와 유사하다거나 그 외의 다양한 이유로 상표권을 획득하기 힘들 수 있다. 창업하고 나서 시간이 흐른 뒤 기존에 사용했던 상표를 변경하는 데는 많은 비용과 시간이 소모되므로, 창업할 때 등록이 가능한 상표를 선택하여 상표출원 및 등록절차를 수행하는 것이 가장 효과적이다.

다소 설명이 복잡하겠지만 상표법이 보호하고 있는 대상인 상표 또는 서비스표에 대해서 알아보자.

상표법으로 보호받는 광의의 상표에는 상표, 서비스표, 단체표장, 업무표장이 있고 그와 구별되는 개념으로서 상호가 있다.

상표란 갤럭시 S나 아이폰처럼 자신의 상품과 타인의 상품을 서로 식별하기 위하여 상품(휴대전화)의 외부에 부착하는 표장으로서 상품의 동일성을 표시하는 기능을 가진다. 한편 상호는 삼성전자나 애플처럼 상인(법인·개인)이 영업상 자기를 표시하는 명칭으로서 영업 출처의 동일성을 표시하는 기능을 가지는 것이다. 상호란 상인이 영업에 관하여 자기를 표시하는 명칭으로서 인적 표지의 일종이며, 문자로 표현되고 호칭된다.

서비스표란 삼성전자, LG전자, SK텔레콤, KT처럼 서비스업(제조업, 통신업, 은행업, 운송업, 요식업 등 용역의 제공업무)을 영위하는 자가 자기의 서비스업을 타인의 서비스업과 구별되도록 하기 위하여 사용하는 표장을 말한다. 즉, 상표는 '상품'을 구별해주는 표지이고, 서비스표는 '서비스업(용역)'을 구별해주는 표지이며, 상호란 자기를 표시하여 구별해주는 표지라고 할 수 있다.

단체표장이란 삼척마늘, 안흥찐빵처럼 상품을 공동으로 생산·판매 등을 하는 업자 등이 설립한 법인이 직접 사용하거나 그 감독 하에 있는 단체원으로 하여금 자기의 영업에 관한 상품 또는 서비스업에 사용하게 하기 위한 표장을 말한다. 업무표장이란 YMCA, 대한적십자사, 한국청년회의소, 한국로타리, 한국소비자원 등과 같이 비영리 업무를 영위하는 자가 그 업무를 나타내기 위하여 사용하는 표장을 말한다.

상표는 제품의 이름을 의미하고, 서비스표는 회사의 이름이나 회사가 영위하는 서비스업의 이름을 의미한다. 상표법상으로는 그 사용 목적에 따라 상표, 서비스표, 단체표장, 업무표장으로 분류하지만 그 보호 방식이 유사하기 때문에 설명상 편의를 위해 이하에서는 상표, 서비스표, 단체표장, 업무표장을 모두 상표로 보고 설명하도록 한다.

상표의 기능

상표는 어떤 기능을 할까? 상표는 그 표시로 인하여 자기의 상품과 타인의 상품을 식별하게 할 수 있고, 동일한 상표가 표시된 상품은 동일한 출처에서 나온다는 것을 수요자에게 알려주며, 동일한 상표를 표시한 상품은 그 품질이 동일한 것임을 수요자에게 보증한다. 나아가 판매촉진수단으로서 광고 선전의 매개체이며, 상표권의 자유 양도, 사용권 설정, 질권 설정 등을 통해 재산권으로서의 기능도 갖게 된다. 따라서 상표등록을 하면 신용이 내재된 상표를 우리나라 전역에서 독점적으로 사용할 수 있고, 상품이나 서비스업이 동일 또는 유사한 범위 내에서 다른 사람이 등록된 상표 외 유사한 상표를 사용하지 못하게 할 수 있다.

위의 사례에서 김대박은 상표출원하여 등록을 받지 않았으므로 자신의 회사 이름과 흡사한 회사에게 해당 이름을 사용하지 말라고 할 수 없다. 물론 상표법 외에도 부정경쟁방지법을 통해 구제받을 수도 있지만 특정한 경우에 인정될 수 있으므로 부정경쟁방지법으로는 적절히 보호받기 곤란한 경우가 많다. 만일 김대박이 창업과 동시에 전문가인 변리사에게 상표출원 진행을 의뢰하여 등록을 받았다면 쉽게 보호받을 수 있었겠지만, 현재로서는 회사 이름을 보호받을 수 있을지는 미지수다.

한편 나대박은 창업하면서 자신의 회사 이름과 동일한 이름을 가진 회사가 해당 회사 이름에 대해 상표를 등록받았다는 사실을 모르고 있었다. 만일 전문가에게 상표출원을 의뢰하여 진행했다면, 해당 회사 이름은 이미 다른 회사에서 등록한 이름이므로 등록 및 사용이 곤란할 수도 있을 것이라는 진단을 받았을 것이다. 그런 경우라면 나대박은 해당 이름 말고 다른 이름을 상호로 선택했을 것이며, 따라서 회사 이름을 변경하는 데 따른 각종 비용과 노력을 낭비하는 일은 벌어지지 않았을 것이다.

상표의 검색은 특허, 상표, 디자인 검색 서비스를 제공하는 키프리스라는 특허정보검색서비스(www.kipris.or.kr)에서 간단히 검색할 수 있으므로, 사용하려는 상호나 제품의 이름과 유사한 상표는 없는지 미리 조사하는 것이 좋다. 사업을 영위하는 도중에 회사 이름과 제품·서비스 이름을 변경하는 데에는 많은 비용과 시간이 투입되므로, 제품·서비스 이름과 회사 이름을 독창적으로 지어서 제품 이름 및 회사 이름에 대한 상표권, 상호권 침해 시비를 원천적으로 차단하는 것이 바람직하다.

상표는 출원만 하면 등록받을 수 있을까?

한편 상표는 출원한다고 모두 등록되는 것이 아니다. 상표출원만 하면 당연히 등록받을 수 있을 것으로 오해하는 사람도 있지만, 상표는 상표법에 등록받을 수 있는 요건과 등록받을 수 없는 요건이 명확하게 정의되어 있으므로 모든 요건을 만족해야만 등록받을 수 있다.

상표의 가장 중요한 기능은 상품을 식별해주는 기능이기 때문에 상표로 등록되기 위해서는 우선 상표로서의 식별력을 가져야 한다. 일반적으로 부르기 쉽고, 기억하기 쉽고, 다른 상표와 구별하기 쉬워 광고나 선전 등에 유용한 것 등을 고려하는 것이 좋을 것이다. 그렇지만 사람들이 누구나 사용하고 싶어하는 상표는 등록이 곤란할 가능성도 많으므로 미리 전문가인 변리사 등에게 상표권 등록 가능 여부에 대하여 자문을 구하는 것이 좋다. 대다수의 사람들이 좋다고 느껴서 출원하려고 하는 상표의 상당수는 등록이 힘든 상표인 경우가 매우 많으므로, 비용 낭비를 막기 위해서는 해당 상표를 사용하기 전에 상표의 등록 가능 여부에 대한 반드시 자문을 받을 것을 권유한다.

상표의 등록요건과 부등록요건을 간략하게 요약하면, 상품의 보통명칭을 사용한 상표, 상품의 성질(산지, 품질, 원재료, 효능, 용도, 수량, 형상, 가격, 사용방법)을 직감하게 하는 상표, 현저한 지리적 명칭만으로 된 상표, 간단하고 흔한 표장만으로 된 상표, 선등록상표와 동일하거나 유사한 상표는 등록받는 것이 곤란하다. 품질 우수, 효능 등 상품의 성질을 나타내는 용어, 보통명칭, 현저한 지리적 명칭 등은 누구나 사용하고 싶어하는 것이기 때문에 개인에게 독점을 허용하는 것이 불합리하기 때문이다.

chapter 10

동업 시 대표이사는 어떻게 정해야 할까?

컴퓨터 보안 프로그램 사업을 시작하려고 하는 4인이 어느 날 법무사 임준표를 찾아왔다.

각자 비슷한 비중의 역할을 수행하고 투자금 납입도 비슷하게 했다. 게다가 안 지 얼마 되지 않은 사이라서 누구 한 명만 대표로 선임하기는 불안했다. 이런 경우 창업자 전원이 대표이사를 하는 것이 가능한지에 대한 상담을 요청했다.

주식회사에 대표이사가 수인인 경우 그 수인의 대표이사를 각자 대표로 할 수도 있고 공동대표로 할 수도 있다.

대표이사가 여러 명인 경우 이들은 각자 회사를 대표하는 것이 원칙이므로 공동대표이사로 하려면 대표이사를 선임하는 이사회에서 '공동대표이사'로 한다는 결의가 있어야 한다.

공동대표

공동대표이사인 경우는 수인의 대표이사가 공동으로만 회사를 대표할 수 있는 제도이다(상법 제389조 제2항). 따라서 공동대표이사 제도는 모든 서류에 전원 공동으로 날인하여야 법률적 효력이 인정되므로 어느 일방이 맘대로 회사의 대표이사 행위를 행사할 수 없는 단점은 있다. 그러나 상대를 견제하고 회사의 운영상 공동대표이사 상호 간 투명한 경영에는 장점이 된다. 흔히 상대를 신뢰하지 못하는 경우와 어느 일방이 회사의 대표이사 권한을 맘대로 하지 못하도록 할 때 많이 이용된다.

공동대표이사로 하려면(즉, 대표이사 전원이 공동으로 움직여야만 제대로 된 효력이 발생하도록 하려면) 여러 명의 대표이사를 선임하는 외에 이들을 공동대표이사로 한다는 이사회에서의 별도 결의가 있어야 한다. 그리고 이러한 결의는 법인등기부에 등기를 해야만 제3자에게 효력이 있다.

그래서 실무상 공동대표이사를 둔 회사의 법인등기부를 보면 '공동대표이사'라는 명칭이 기재되어 있다. 이렇게 공동대표이사제도를 채택하게 되면 대표행위를 공동으로 하여야만 회사에 대하여 효력이 있으므로 대표이사 상호 간의 견제가 가능하여 1인의 독주를 견제할 수 있다. 따라서 공동대표이사 중 1인이 단독으로 대표권을 행사한 경우

(즉, 이사회에서 반드시 전원이 모두 대표권을 행사하도록 결의하고 이를 등기했는데도 불구하고 대표이사 1인이 혼자서 권한을 행사한 경우) 이는 무권대표행위이므로 회사에 대하여 효력이 없다. 그러나 나머지 공동대표이사가 이를 사후에 추인함으로써 그 행위를 유효하게 만들 수는 있다.

따라서 다른 회사와 거래할 때 반드시 그 회사가 공동대표이사제도를 채택하고 있는지 법인등기부등본을 열람해서 확인해봐야 한다. 만약 상대방 회사가 공동대표이사제도를 채택하고 있는데, 그중 1인의 대표이사만을 만나서 계약을 체결하면 나중에 그 계약이 무효로 될 위험이 있기 때문이다.

각자대표

각자대표인 경우는 각 대표이사가 대표이사로서의 권한을 전부 행사할 수 있다. 대표이사 각자가 활발하게 활동할 수 있다. 대기업의 경우 영업부문이 여러 개인 경우 영업부문별로 대표이사를 선임하여 각 영업부문을 나누어 관장하기도 한다. 다만, 이 경우도 대내적으로는 대표 권한이 분장되어 있지만 대외적으로는 권한의 제한을 주장할 수 없고 전적으로 대표이사로서 모든 권한을 행사할 수 있다.

각자대표이사의 경우는 어느 일방의 대표이사 권한을 각각 행사할 수 있으므로 회사의 경영에 대한 투명성이 결여되는 단점이 있으며, 그 대표이사 행위의 책임소재가 불분명하므로 서로 잘 알지 못하는 동업관계에서는 그리 좋은 제도는 아닐 수도 있다. 동업관계에서는 경영내용이 숨김없이 투명하게 되어야만 공동경영이 오랫동안 지속될 수 있지만, 각자 2인의 대표이사 행위가 상대 대표이사의 의사와는 무관하게 행사될 수 있으므로 쌍방 간의 신뢰성에 조금씩 금이 가면서 결국은 회사경영에 큰 문제가 발생할 수 있다. 물론 이를 방지할 수 있도록 정관이나 이사회 결의를 통해 특정 대표이사의 대표권을 제한할 수 있도록 하고 있다.

운영 상황에 따른 선택

여러 명을 대표이사로 선임하고자 할 때 그 목적이 권한의 견제와 균형이라면 공동대표이사를 선임하고 공동대표이사 선임사실을 등기해야 하며, 업무 진행 시에도 반드시 공동으로 업무를 처리해야 한다.

하지만 그 목적이 여러 명이 각자의 대표권한을 행사하여 활발하게 활동하고자 하는 것이라면 각자대표이사를 선임하면 된다.

chapter 11

절세는 창업 단계부터
준비하자

김대박은 신규사업자로 사업을 시작하려고 한다. 어떤 서류가 있는지 궁금하며 초기 세무적인 준비를 어떻게 해야 할지 궁금한 부분이 많다. 신규사업자가 알아야 할 것을 미리 살펴보고 잘 준비하여 절세하도록 하자.

사업자등록증 신청 시 필요 서류

개인사업자는 사업자등록증을 발급받으면서 사업이 시작된다. 세무서 방문 시 꼭 필요한 서류는 임대차계약서(자가일 경우 등기부등본), 대표자 신분증, 사업자등록신청서(개인사업자용), 그 외 허가가 필요할 경우의 서류(의료개설신고증, 영업신고증 등)이다. 자기 사업장에서 본인이 대표자일 경우 신분증만 가져가면 바로 사업자등록증을 발급받을 수 있다. 사업자등록은 사업개시일로부터 20일 내 신청하는 것이 좋다. 사업장에 매출이 없더라도 사용하는 비용과 관련하여 환급을 받을 수 있기 때문이다. 준비하는 과정에서 발생하는 매입 세금계산서도 잘 챙겨두도록 하자.

사업자등록 시 필요서류	
개인	1. 사업자등록신청서
	2. 임대차계약서 사본(사업장을 임차한 경우)
	3. 인허가 등 사업을 영위하는 경우 허가·등록·신고증 사본 -허가(등록, 신고) 전에 등록하는 경우 허가(등록)신청서 등 사본 또는 사업계획서
	4. 동업계약서(공동사업자인 경우)
	5. 자금출처 명세서(금지금 도·소매업, 액체·기체연료 도·소매업, 재사용 재료 수집 및 판매업, 과세유흥장소 영위자) ※ 재외국민 · 외국인 등의 경우(1~5는 공통) -재외국민등록부등본, 외국인등록증(또는 여권) 사본 -사업장 내에 통상적 주재 않거나 6월 이상 국외체류 시 : 납세관리인 설정 신고서
영리법인 (본점)	1. 법인설립신고 및 사업자등록신청서
	2. (법인명의)임대차계약서 사본(사업장을 임차한 경우)
	3. 주주 또는 출자자명세서
	4. 사업허가·등록·신고필증 사본(해당 법인) -허가(등록, 신고) 전에 등록하는 경우 허가(등록)신청서 등 사본 또는 사업계획서
	5. 현물출자명세서(현물출자법인의 경우)
	6. 자금출처 명세서(금지금 도 · 소매업, 액체·기체연료 도·소매업, 재생용 재료 수집 및 판매업, 과세유흥장소 영위자)
	7. 사업자 단위과세 적용 신고자의 종된 사업장 명세서(사업자단위과세 적용 신청한 경우)

간이사업자 VS 일반사업자

사업자는 면세사업자와 일반사업자로 나누어진다. 또 일반사업자는 간이과세자와 일반과세자로 나뉘어진다. 1년 매출이 4,800만 원이 안 되는 규모라면 간이과세자로 신청을 하자. 대부분 간이과세자로 등록하는 것이 부가세 측면에서 유리하다. 특수한 경우 인테리어 비용처럼 초기 투자금액이 많다면 세금계산서를 받아 환급을 받도록 일반과세자로 신청을 해야 한다. 나의 사업장의 규모와 형편에 맞게 미리 준비를 한다면 절세가 된다.

사업용 계좌와 사업용 신용카드

사업자등록증을 발급받았다면 사업용으로 사용할 사업용 계좌와 카드를 만드는 것이 좋다. 개인적으로 사용하는 계좌 및 카드와 구분하여 사용할 필요가 있다. 사업용 신용카드를 만들거나 개인카드 중 일부는 사업용으로 구분하여 사용하면 부가세 신고 및 소득세 신고 시 절세할 수 있다.

사업용 신용카드는 홈택스에 등록해두면 그 사용금액과 내역을 조회할 수 있다. 사업용 계좌는 특수직종과 복식부기 의무자를 제외하곤 의무는 아니지만 향후 의무자가 될 경우에는 가산세가 있으므로 사업초기 등록하는 것이 좋다. 요약하면 사업용 계좌는 가산세를 내지 않기 위해, 사업용 카드는 절세하기 위해 만들어 등록하는 것이 중요하다.

비용 내역의 파악

개인사업자가 초기 지출할 비용은 많다. 사업 후 2~3개월이 지나면 매달 지출되는 경비가 고정이 된다. 주요 경비로는 임대료, 급여, 재료매입이다. 매달 지출되는 경비의 금액을 알아야 초기 사업준비금도 마련하여 대책을 세울 수 있다.

임대료는 세금계산서를 받고 급여는 4대 보험을 고려하여 신고해야 인정받을 수 있다. 재료매입의 경우 신용카드를 사용하거나 계좌이체를 통해 꼭 증빙을 남기자. 그 외 전기료, 인터넷, 정수기, 전력비, 그 외 수수료 비용은 모두 세금계산서를 받아 적격증빙을 만들어야 부가세 신고 시 반영될 수 있다.

이 정도만 준비한다면 이미 사업장의 세금은 절반 정도 줄였다고 볼 수 있다. 사업을 잘 일으켜 매출을 발생시키는 것만큼 뒤에서 비용으로 줄줄, 세금으로 줄줄 세지 않게 하는 것 또한 중요하다.

PART II
성공적인 경영을 위해
알아두어야 할 것들

chapter 01

언제 어떤 세금을
신고해야 하나?

김대박은 사업자등록증도 발급받았고, 필요한 사업용 통장과 서류도 준비했다. 이제 사업만 하면 되는데 근로소득자일 때와 다르게 세금을 직접 신고해야 한다고 한다. 어떤 세금을 언제 신고해야 할까?

사업하는 사람들이 가장 많이 물어보는 질문은 생각보다 쉽다.

"사업하면서 언제 어떤 세금 신고를 해야 하죠?"

어떤 사업자인지에 따라 신고하는 세금의 종류가 다르다. 언제까지 어떤 신고를 해야 할까? 이것만 알아도 최소한 가산세는 줄일 수 있다. 직장을 다닐 땐 세금신고를 안 했는데 사업을 하게 되고 사장님, 대표님 소리를 듣게 되는 순간 모든 것을 직접 신고함과 동시에 납부할 세금의 종류도 많아진다. 알고 보면 별것이 아니므로 기억하도록 하자. 법인사업자인지 개인사업자인지에 따라 다르고 과세사업자인지 면세사업자인지에 따라 다르다.

구분	1	2	3	4	5	6	7	8	9	10	11	12	비고
원천세	○	○	○	○	○	○	○	○	○	○	○	○	반기 납부자는 1, 7월
부가가치세	○		▲		○					▲			간이과세자는 1월 (4, 7월은 예정 납부)
종합소득세				○	▲								5월 말까지 (성실은 6월 말)
법인세		○											12월 말 결산 시
면세사업장 현황신고	○												2월 10일까지
지급명세서 (일용직)		○	○			○				○			해당월 말일까지
연말정산		○											3월 10일까지

법인사업자의 경우

- 부가가치세 신고와 법인세 신고를 해야 한다.
- 부가가치세 신고는 1월 25일, 4월 25일, 7월 25일, 10월 25일까지 신고 및 납부를 해야 한다.
- 법인세 신고는 3월 31일까지 신고 및 납부를 해야 한다.
- 신규 법인이거나 결손 법인인 경우 8월 31일까지 법인세 중간예납 신고를 해야 한다.

개인사업자(일반과세자)의 경우

- 부가가치세 신고와 종합소득세 신고를 해야 한다.

- 부가가치세 신고는 1월 25일, 7월 25일까지 신고 및 납부를 해야 한다.
- 부가가치세 예정고지라고 납부만 하는 것인데 4월 25일, 10월 25일까지 납부를 해야 한다.
- 종합소득세 신고는 5월 31일까지 신고 및 납부를 해야 한다(성실 신고자의 경우 6월 30일까지 신고 및 납부).

개인사업자 중 간이과세자의 경우

- 간이과세자도 부가가치세 신고는 해야 하며 종합소득세 신고를 해야 한다.
- 부가가치세 신고는 1년에 1회 1월 25일까지 신고 및 납부를 해야 한다.
- 다만, 매출이 커져서 일반과세자로 전환될 경우 7월 1일부터 전환할 경우 7월 25일까지는 간이과세자로 그 다음해 1월 25일까지는 일반과세자로서 부가세 신고를 해야 한다.
- 종합소득세 신고는 5월 31일까지 신고 및 납부를 해야 한다(성실 신고자의 경우 6월 30일까지 신고 및 납부).

면세사업자의 경우

- 면세사업자는 부가가치세 신고가 없다.
- 면세사업자는 부가가치세 대신 사업자현황신고를 2월 10일까지 해야 하며 종합소득세 신고를 해야 한다.

- 종합소득세 신고는 5월 31일까지 신고 및 납부를 해야 한다(성실 신고자의 경우 6월 30일까지 신고 및 납부).

내가 속해 있는 사업자의 종류에 따라 신고날짜와 종류가 다르다. 알고 나면 의외로 간단하다. 직원을 고용할 경우 원천세(갑근세)는 매달(또는 신청 시 반기인 6개월)마다 신고해야 한다. 정직원이 있을 경우 연말정산까지 해주어야 하므로 세무사와 상담하는 것이 빠르다. 세금은 아는 만큼 보인다. 신고기한 안에 신고하여 가산세 내는 일을 줄이는 것 또한 중요하다.

chapter 02

장부작성과 재무제표는
어떻게 해야 할까?

조그만 사업을 운영 중인 김대박은 사업성과를 단순히 가계부를 통해 결산하는데 세금을 어떻게 해야 줄일 수 있을지 고민이 많다. 이 문제에 대해 지인인 나창업에게 조언을 구하자 나창업은 세무사를 소개해주며, 그에게 기장을 맡길 것을 충고해주었다. 며칠 후 만난 세무사는 '장부를 제대로 작성해야 세금을 줄일 수 있고, 규모가 커지면 커질수록 장부를 제대로 작성해야 세금을 줄일 수 있다.'는 조언을 하였다. 회계에 대한 지식이 전무한 김대박은 굳이 돈을 들여가며 장부작성을 외부인에게 맡기는 게 불편하기만 하다. 김대박은 사업의 결산을 효과적으로 하고 세금을 줄이기 위해 어떤 선택을 하는 게 좋을까?

간편장부대상자와 복식부기의무자

장부작성에는 간편장부와 복식부기장부가 있다. 회사를 창업하거나 사업을 시작한 초기에는 가계부 등 간편장부를 통해 자금입출금내역 위주로 회사나 사업의 실적 및 성과를 정리한다. 하지만 회사 및 사업의 성장에 따라 사업자는 단순한 현금출납부 중심의 자금입출금 기록수준에서 벗어나 회사 및 사업의 전체적인 재무상태와 경영성과를 표를 통해 요약정리해야 할 필요성이 발생한다. 이러한 회사 및 사업의 1년간의 재무상태와 경영성과를 정리한 표 및 관련 서술을 재무제표(복식부기장부)라고 통칭한다.

특히 사업확장에 따라 은행 등 외부정보이용자로부터 자금을 차입 또는 투자를 받기 위해서는 이러한 재무제표의 작성은 필수이다. 세금면에서도 복식부기의무자는 재무제표의 작성이 필수이며, 복식부기의무자가 아닌 경우(간편장부대상자)에도 재무제표의 작성에 따라 산출세액의 20% 세액공제(한도 100만 원)를 받을 수 있다.

사업자의 기장의무는 복식부기의무자와 간편장부대상자로 구분되며 직전 연도(직전 과세기간)의 수입금액 합계액(매출액)에 따라 업종별로 다음과 같이 구분된다.

구분	간편장부대상자	복식부기의무자
1. 농업 및 임업, 어업, 광업, 도매업 및 소매업, 부동산매매업 및 아래 2, 3에 해당하지 아니하는 업	3억 원 미만	3억 원 이상
2. 제조업, 숙박 및 음식점업, 전기·가스 및 수도사업, 건설업, 운수업, 통신업, 금융 및 보험업	1억5천만 원 미만	1억5천만 원 이상
3. 부동산임대업, 사업서비스업, 교육서비스업, 보건 및 사회복지사업, 오락·문화 및 운동관련 서비스업과 기타 공공·수리 및 개인서비스업, 가사서비스업	7천5백만 원 미만	7천5백만 원 이상

복식부기의무자 업종

모든 법인사업자와 의사·변호사 등 아래 업종에 해당하는 전문직 사업자는 수입금액 및 신규 개업 여부에 관계없이 복식부기의무자로 본다.

- '의료법'에 따른 의료업, '수의사법'에 따른 수의업, '약사법'에 따라 약국을 개설하여 약사에 관한 업을 행하는 사업자
- 변호사업, 심판변론인업, 변리사업, 법무사업, 공인회계사업, 세무사업, 경영지도사업, 기술지도사업, 감정평가사업, 손해사정인업, 통관업, 기술사업, 건축사업, 도선사업, 측량사업 등 전문직을 영위하는 사업자

간편장부대상자는 매년 단순한 자금입출금에 대한 내역을 정리한

장부만 작성하면 되지만, 복식부기의무자는 자금입출금뿐 아니라 사업의 경과에 따른 자산상태와 경영성과를 요약한 재무제표를 작성해야 한다.

재무제표란?

재무제표는 재무상태표와 손익계산서, 현금흐름표, 이익잉여금처분계산서(자본변동표), 현금흐름표 및 주석 등으로 구분될 수 있다.

대차대조표는 기업이 통제하고 있는 경제적 자원(자산)과 현재 부담하고 있는 경제적 의무(부채) 및 이해관계자들에게 분배가능한 잔여재산(자본)에 대한 상태를 나타낸다. 정보이용자는 대차대조표를 통해 해당 기업의 자금유동성, 지급능력 등을 파악하여 해당 기업의 건전성 등을 평가할 수 있는 정보를 제공한다.

손익계산서는 일정기간 기업이 창출한 이익(수익-비용) 등에 대한 경영성과를 나타낸다. 손익계산서를 통해 정보이용자는 해당 기업의 현금창출능력과 성장가능성 등을 예측하는 데 유용한 정보를 제공받는다.

이익잉여금처분계산서는 과거 경영의 결과로 축척된 이익의 규모와 해당이익의 사용처(주주배당, 적립금) 등에 대한 정보를 나타낸다. 정보이용자는 이익잉여금처분계산서를 통해 해당 기업의 주주에게 분배가능한 이익의 정도와 축적된 이익의 사용방향 등을 예측하는 데 유용한 정보를 제공받는다(주로 상장기업들이 적용하는 회계처리기준인 K-IFRS에서는 재무제표에 이익잉여금처분계산서는 제외시키고, 자본변동표가 포함됨).

현금흐름표는 기업이 일정기간의 영업활동, 투자활동, 재무활동 등을 통해 유입된(또는 유출된) 현금흐름에 대한 정보를 나타낸다. 정보이용자는 현금흐름표를 통해 해당 기업이 가용할 수 있는 현금흐름이 기업의 활동 중 어느 활동을 통해 유입되고, 유출되었는지를 알 수 있는 정보를 제공받는다.

회계지식이 없는 사람도 쉽게 작성가능한 가계부 형식의 간편장부와 비교해 복식부기장부는 자산과 부채의 증감 및 변화하는 결과를 차변과 대변에 구분하여 기록하는 장부로 대차평균의 원리 등 회계적인 지식이 없이는 작성하기 힘들기 때문에 세무사나 회계사 같은 전문가에게 작성을 의뢰하는 게 통상적이다.

간편장부대상자와 복식부기의무자 차이점

한편 간편장부대상자와 복식부기의무자는 다음과 같은 차이가 존재한다.

<간편장부대상자와 복식부기의무자 비교>

구분	간편장부대상자	복식부기의무자
장부형태	중·소규모 이하의 개인사업자가 쉽고 간편하게 작성할 수 있으면서 소득금액의 계산 및 부가가치세의 신고가 가능하도록 국세청장이 제정·고시한 장부	장부형식이 별도로 없으며, 재무제표가 필수로 작성되어야 함.
장부작성	국세청 홈페이지(www.nts. go.kr)에 수록된 작성요령과 간편장부를 다운받아 작성 * 국세청 홈페이지에서 [신고납부 ⇒ 종합소득세 ⇒ 간편장부작성요령] 참고	외부작성 및 자가작성 가능 복잡한 장부일수록 일반적으로 세무사 또는 회계사 등에 외부기장 맡기는 게 보편적
장부 기장 시 혜택	복식장부를 기장하고 복식장부에 의하여 소득금액을 계산하여 소득세 신고하는 때에는 산출세액의 20%(사업소득 외 소득 있을 경우 산출세액×(사업소득금액/종합소득금액)의 20%)에 해당하는 금액 (연간한도 100만원)을 기장세액공제 결손(적자)이 났을 경우 이를 인정받아 10년간 이월하여 결손금 공제혜택을 받을 수 있음. → 부동산 임대소득에서 발생한 이월결손금은 해당 부동산 임대소득에서만 공제	복식부기의무자로 보는 의사·변호사 등 전문직 사업자로서 해당 연도 신규 개업자이거나 직전 연도 업종별 기준 수입금액에 미달하는 사업자가 복식부기에 의하여 기장한 때에는 기장세액공제를 적용(소득세법 시행령 제208조 제6항) 결손(적자)이 났을 경우 이를 인정받아 10년간 이월하여 결손금 공제혜택을 받을 수 있음. → 부동산 임대소득에서 발생한 이월결손금은 해당 부동산 임대소득에서만 공제

구분	간편장부대상자	복식부기의무자
장부 미기장 (추계신고 포함) 시 불이익	무기장가산세 부과 무기장가산세 : 산출세액×[무(미달)기장 소득금액/종합소득금액]×20% ※소규모사업자(해당 과세기간에 신규로 사업을 개시한 사업자와 직전 연도 수입금액 4,800만 원 미달자, 연말정산되는 사업소득만 있는 자) 제외 결손(적자)이 났을 경우 이를 인정받을 수 없으며 10년간 이월하여 결손금 공제혜택을 받을 수 없음. 소득탈루 목적의 무기장자인 경우 세무조사 등 세무간섭을 받을 수 있음	무신고가산세와 무기장가산세 부과 1. 무신고가산세: 다음 중 큰 금액 ① (산출세액－무신고소득금액에 대한 기납부세액)×20% (40%) ② 수입금액×7(14)/10000 2. 무기장가산세 : 산출세액×[무(미달)기장 소득금액/종합소득금액]×20% ※무신고가산세와 무기장가산세가 동시적용되는 경우 둘 중 큰 금액 부과 ※부정무신고의 경우 40%, 14% 적용 ※복식부기 의무자는 간편장부로 기장할 수 없으며, 간편장부로 기장 시 무신고가산세 부과 결손(적자)이 났을 경우 이를 인정받을 수 없으며 10년간 이월하여 결손금 공제혜택을 받을 수 없음. 소득탈루 목적의 무기장자인 경우 세무조사 등 세무간섭을 받을 수 있음
기장세액공제 못받는 경우	① 비치·기록한 장부에 의하여 신고하여야 할 소득금액의 100분의 20 이상을 누락하여 신고한 경우 ② 기장세액공제와 관련된 장부 및 증명서류를 해당 과세표준확정신고기간 종료일로부터 5년간 보관하지 않을 경우(천재지변 등 대통령령으로 정하는 부득이한 사유에 해당하는 경우 제외)	해당사항 없음

구분	간편장부대상자	복식부기의무자
사업용 계좌	해당없음	1. 복식부기 의무자는 사업용 계좌를 신고 및 사용해야 함. ① 신고기한 : 복식부기 의무자가 되는 과세기간의 개시일로부터 6개월 이내 ② 금융기관을 통해 다음에 해당하는 거래 시에는 사업용 계좌를 사용해야 함 • 사업과 관련된 거래대금 • 인건비 • 임차료 2. 사업용 계좌 미신고, 미사용 관련 가산세 (1) 사업용 계좌 미사용 – 미사용금액×0.2% (2) 사업용 계좌 미신고 – ①, ② 중 큰 금액 ① 해당 과세기간의 수입금액×미신고기간/365×0.2% ② 거래대금, 인건비, 임차료 등 사용대상금액의 합계액×0.2% 기타 창업중소기업 세액감면, 중소기업특별세액감면 등 각종 세액감면 배제 불이익 존재

일반적으로 회사가 커질수록 장부의 복잡성이 커지고 각종 세법 변동에 따른 적절한 업데이트 및 대응이 중요해지므로 이를 위해 외부 전문가(세무사, 회계사)의 적절한 조력을 받는 게 필요하다.

chapter 03

근로계약은 반드시
서면으로 작성한다

쇼핑몰을 창업한 지 3개월 된 김대박은 갑작스러운 물량으로 일손이 부족하였다. 급하게 아는 동생 나근로에게 일당 10만 원으로 1주일 동안 도와달라고 하였다. 김대박은 단기 아르바이트 근로자 나근로를 고용할 때에도 근로계약서를 써야 할까?

근로계약서 필수 기재 항목

사업을 시작하는 예비 창업자들은 사업 아이템과 자본을 최우선적으로 고려하고 인력에 대한 부분은 신경 쓸 여유가 없다. 그러나 대한민국에서 단 하루라도 사업장에 근로자를 채용하여 근무시킬 경우 반드시 근로계약서를 작성해야 한다. 아직까지 법인설립등기 또는 사업자등록증 등 사업 성립에 필요한 형식적 서류 절차가 완료되지 아니하였다 할지라도 근로자가 존재하는 이상 서면(종이)으로 된 근로계약서 작성 의무가 면제되지 않는다. 만약 서면으로 된 근로계약서를 미작성할 경우 500만 원 이하의 벌금(형사처벌이므로 전과가 기록 됨)이 부과된다.

그러면 어떤 내용을 근로계약서에 담아야 할까? 아래의 항목은 필수적으로 근로계약서에 나타나 있어야 하는 사항이다.

근로계약서에 필수적으로 기재하여야 할 사항

① 임금(임금의 구성항목, 계산 방법, 지급 방법)
② 근로시간
③ 주휴일(1주 평균 15시간 이상 근무하는 근로자에게 부여)
④ 연차유급휴가(사용하는 평균 근로자 수가 5인 이상일 때 적용)
⑤ 취업 장소와 종사 업무
⑥ 취업규칙에 관련된 사항(사용하는 평균 근로자 수가 10인 이상일 때 적용)
⑦ 기숙사가 있는 경우 기숙사 규정

근로기준법에서 요청하는 근로계약서는 어떠한 유형의 근로계약이든 근로조건이 근로계약서만 보더라도 명확하게 표시되어 있을 정도로 구체적이어야 한다. 취업규칙이 있는 사업장은 취업규칙에 일반적으로 적용되는 근로조건이 기술되어 있기 때문에 근로계약서를 보다 간편하게 작성될 수 있다. 그러나 취업규칙이 없는 10인 미만 사업장은 근로조건과 관련된 모든 내용이 근로계약서에 나타나 있어야 하기 때문에 오히려 소규모 사업장에서 근로계약서 작성할 경우 근로조건

이 보다 구체적으로 기술되어야 한다.

근로계약서 미작성은 형사처벌 대상

예전에는 근로계약서 미작성 사업장이 많아 관할 노동청에서는 근로계약서 미작성 사실을 적발하면 약 2주간의 시정기간을 부여하였다. 그러나 2017년 7월 이후 시정기간은 1주일로 단축되었다. 근로계약서를 작성한 사업장이라 하더라도 근로기준법에서 제시하는 필수적 기재사항을 제대로 작성하지 아니하여 위반 항목별로 벌금이 산정되어 합계 200만 원의 벌금을 부과한 경우도 있다.

가장 억울한 사업주는 근로자의 재직기간이 단기간이라 근로계약서를 준비할 시간적 여유가 없었는데 근로자가 바로 퇴사할 때이다. 이 경우 퇴사한 근로자의 근로계약서를 미작성한 사실이 즉시 확정되고, 노동청에서는 사업주에게 시정기간을 부여하지 아니한 채 곧바로 근로기준법 위반으로 즉시 입건하고, 얼마 지나지 많아 벌금형을 부과할 수 있다.

급할 때는 표준근로계약서를 활용하자

이와 같이 누구나 필수적으로 작성해야 하는 근로계약서를 노무사에게 의뢰할 시간적 여유가 없을 경우 사업주의 입장에서는 매우 난감한 상황이 아닐 수 없다. 이때 간단하지만 즉시 사용할 근로계약서를 찾는다면 고용노동부 홈페이지 검색 창에 '표준근로계약서'를 검색하면 근로계약서 작성에 대한 문제를 어느 정도 해결할 수 있다. 표준근로계약서는 1주 평균 40시간으로 운영되는 사업장에서 바로 사용할 수 있는 양식이고, 외국인 근로자들에게 제공할 수 있는 영문 근로계약서까지 마련되어 있다.

그러나 표준근로계약서도 어디까지나 임시방편일 뿐이다. 근로계약상의 조건을 명확히 하여 사업주와 근로자의 분쟁을 미연에 방지하기 위해서는 한번쯤은 노무사에게 정확한 근로조건을 진단받아볼 필요가 있다.

chapter 04

5인 미만 사업장은 규정 예외를 받을 수 있다

웹페이지 제작 업체를 운영하는 김대박은 고민에 빠졌다. 아직 5인이 안 되는 작은 업체인데 모든 걸 대형업체의 근로조건에 맞추어 챙겨주기는 어려운 상황이었다. 더욱이 업무에 적합하지 않는 근로자와의 마찰로 사업장 분위기가 점차 나빠지고 있었다. 김대박과 같이 작은 사업주들에겐 노동관계법령은 전부 지킬 수 없는 상황이다.

사업주는 사업을 하면서 단 1인의 근로자라도 고용하려고 하면 인건비 규모부터 생각한다. 사업주가 근로자 1인을 채용하면서 부담해야 하는 인건비는 매월 발생하는 근로자의 월급뿐만 아니라 사업주 분의 4대 보험료 및 간접적으로 근로자에게 들어가는 부대비용까지 예상해야 한다. 그리고 만 1년 지나면 퇴직금까지 발생된다는 점을 반드시 알아야 한다. 따라서 보통 인건비는 최소 월급의 20% 가량이 추가적으로 더 발생된다고 생각하여야 한다.

5인 미만 사업장의 적용 제외 규정

5인 미만 사업장의 경우 인원수가 많지 않다 보니 사업주와 근로자가 서로 작은 변화에도 민감할 수밖에 없다. 또한 5인 이상에 비해 영업 규모가 크지 않기 때문에 현행법을 모두 적용하기에는 어려움이 있다. 따라시 노동관계법령에서는 아래와 같이 5인 미만 사업장에는 적용제외 규정을 두고 있다.

미적용 규정

① 근로시간과 가산임금(시간외 수당, 야간근로수당, 휴일근로수당)
② 연차유급휴가
③ 해고 및 부당해고 구제신청(퇴직 30일 전에 통보하면 해고 절차는 마무리된다.)
④ 생리휴가

5인 미만 사업장의 경우 근로시간에 있어 제약이 없고, 시간 외 수당 등이 발생하더라도 가산임금을 지급할 의무가 없다. 또한 연차유급휴가와 생리휴가도 적용되지 아니하여 주휴일과 근로자의 날만 법정유급휴일일 뿐이다. 그리고 사업주가 근로자를 해고할 경우 해고일 30일 전에 해고예고 통지의 요건을 충족하였을 경우 근로자는 본인의 해고에 대해 별도로 노동위원회를 통해 구제받을 수 없다.

주의할 점은 퇴직금 부분이다. 2010년 11월 31일까지는 5인 미만 사업장은 퇴직금 규정이 적용되지 않았다. 따라서 이 시기에 발생한 퇴직금에 대해서 사업주는 지급할 의무가 없다. 그러나 2010년 12월 1일부터 2012년 12월 31일 사이에 발생한 퇴직금은 법정 퇴직금의 50%, 2013년도 이후 발생한 퇴직금은 법정퇴직금의 100%를 계산하여 사업주는 퇴사하는 근로자에게 지급하여야 한다.

chapter 05

벤처확인제도가 주는
혜택을 챙겨라

특허기술을 가지고 창업을 준비 중인 김대박은 벤처인증을 받아 기업을 운영하면 좋다는 말을 듣고 경영컨설턴트에게 벤처인증을 문의했다. 법인세 등의 절감을 위한 목적으로 벤처기업이 되고자 하는 경우가 가장 많은데 실제로 벤처기업은 여러 지원을 받을 수 있다.

가장 먼저 짚고 넘어갈 것은, '벤처인증'이 아니라 '벤처확인'이라는 것이다. 벤처기업의 요건을 갖췄다면 벤처기업으로 '확인'해준다는 개념이다. '인증'은 특별한 요건을 갖춰서 별도의 심사 혹은 평가를 거쳐 그 우수성을 인정받아야 하는 것이기에 좀 다르다. 그럼 창업 초기기업에게 강력한 혜택을 주는 벤처확인제도는 무엇이며 어떻게 확인받아야 할까?

기술창업기업이여, 벤처확인을 받아라!

벤처기업으로 확인받으면 무엇이 좋을까? 벤처기업의 혜택부터 살펴보자. 첫째, 무엇보다도 창업 후 3년 이내에 벤처확인을 받으면 법인세와 소득세를 50%씩이나 감면받을 수 있고, 새롭게 취득하는 사업용 재산에 대한 취득세와 재산세도 각각 75%와 50%씩이나 면제를 해주는 어마어마한 절세 혜택이 있다. 벤처확인을 받은 후 4년 또는 5년간 혜택이 주어지니 실로 대단히 고마운 혜택이다.

이외에도 보통은 초기 창업기업이 받는 벤처확인이니 만큼, 초기 투자금액에 대한 부담이 클 시기인데 정책자금 등을 이용할 때 우대 금리를 적용받거나 정책자금 심사에 가점을 받는 혜택이 주어지기도 한다. 그리고 특허출원 시 우선심사의 자격이 주어진다. 일반 기업에서는 특허 우선심사의 필요성을 소명하여야 하고 우선심사비용을 추가로 납부해야만 하는데, 벤처확인을 받은 기업에게는 이러한 실질적 도움도 제공되고 있다. 창업, 세제, 금융, 특허 부문 외에도 입지와 마케팅 지원도 있다. 자세한 지원 내용은 벤처인 사이트(www.venturein.or.kr)을 참고해보자.

벤처확인을 받는 방법

벤처기업이 되기 위해서는 무엇이 필요하고 절차가 무엇인지 알아보자. 다음의 표와 같이 크게 4가지 유형으로 벤처확인을 받을 수 있는데, ① 벤처투자기업은 그 기술성이나 사업성을 인정받아 벤처투자기관으로부터 투자를 받은 기업을 말한다. ② 연구개발기업은 기업부설연구소를 등록하고 일정기준 이상의 연구개발비를 집행하며 사업성평가기관으로부터 우수하게 평가받은 기업이다. ③ 기술평가보증(대출)기업은 기술보증기금이나 중소기업진흥공단으로부터 자금대출 신청을 하여 기술평가를 거쳐 보증승인을 받거나 대출을 받은 기업이다. ④ 예비벤처기업은 예비 창업기업으로 기술 및 사업계획서를 제출하여 기술보증이나 중소기업진흥공단으로부터 우수한 것으로 평가받은 기업이다.

이 4가지 유형 중에 ③ 기술평가보증(대출)기업이 가장 일반적이며, ② 연구개발기업도 또한 많이 이용되며 확인받기가 상대적으로 용이한 편이라고 할 수 있겠다. 그리고 ④ 예비벤처기업의 경우 가장 확인 요건이 평이한 편인데, 사업계획만으로 벤처확인이 되므로 창업 후에는 계획과 다른 사업을 운영하거나 사업성이 좋지 않은 경우도 나타나고 있다.

벤처유형	기준요건	확인기관
① 벤처투자기업	① 벤처투자기관으로부터 투자받은 금액이 자본금의 10% 이상일 것 단, 문화상품 제작자의 경우 자본금의 7% 이상 ② 투자금액이 5천만 원 이상일 것	한국벤처캐피탈협회

② 연구개발기업	1 기술개발촉진법 제7조 규정에 의한 기업부설연구소 보유(필수) 2 업력에 따른 아래 기준에 부합할 것 ① 창업 3년 이상 기업 : 확인요청일이 속하는 분기의 직전 4분기 연구개발비가 5천만 원 이상이고, 매출액 대비 연구개발비 비율이 일정기준 이상일 것 ② 창업 3년 미만 기업 : 확인요청일이 속하는 분기의 직전 4분기 연구개발비가 5천만 원 이상일 것 (연구개발비 비율 적용제외) 3 기보, 중진공 등의 사업성평가기관으로부터 사업성이 우수한 것으로 평가받을 것	기술보증기금 중소기업진흥공단
③ 기술평가보증기업 기술평가대출기업	1 기보의 보증 또는 중진공의 대출을 순수 신용으로 받을 것 2 상기 1의 보증 또는 대출잔액, 보증서 발급이 가능한 보증승인금액, 대출결정금액을 합산한 금액이 8천만 원 이상이고, 당해 기업의 총자산에 대한 보증 또는 대출금액 비율이 5% 이상일 것 ※① 창업 후 1년 미만 기업 : 보증 또는 대출금액 4천만 원 이상(총자산대비 비율은 적용배제) ②보증금액 10억 원 이상인 기업은 총자산대비 비율 적용배제 3 기보 또는 중진공으로부터 기술성이 우수한 것으로 평가받을 것	기술보증기금 중소기업진흥공단
④ 예비벤처기업	1 법인설립 또는 사업자등록을 준비중인 자 2 상기 1의 해당자의 기술 및 사업계획이 기보, 중진공으로부터 우수한 것으로 평가받을 것	기술보증기금 중소기업진흥공단

벤처확인을 받기 위해서는 보통 기술보증기금(www.kibo.or.kr)이나 중소기업진흥공단(hp.sbc.or.kr)에 정책자금 보증 또는 대출신청을 하면서 기술평가를 통과하여 최종 승인된 기업이면서 기술인력의 역량과 인원수, 매출액, 특허 등 몇 가지 요건을 충족한 기업이어야 한다. 따라서 한두 명이 운영하는 완전 초기기업이 즉각적으로 벤처기업으로 확인받기는 쉽지 않다. 그래서 보통은 2~3년 정도 운영하여 실적을 내고 대표자를 제외한 직원이 최소 2인 이상에 2억 원 내외 매출이 되었을 때 신청하는 것이 가장 가능성이 높은 것 같다.

벤처확인 그리고 벤처확인의 한 요건인 기업부설연구소 설립은 모두 기업이 직접 온라인으로 신청하도록 되어 있고, 그 절차도 어렵지 않다. 따라서 관련 전문가의 조언과 자문을 구하는 것은 괜찮지만 고액의 컨설팅이나 대행을 의뢰하는 것은 적합하다고 할 수는 없으니 잘 준비하여 사업에 도움이 되도록 활용하길 바란다. 최근 벤처기업 확인제도의 문제점이나 부족한 부분을 보완하기 위해 확인절차를 변경코자 추진되고 있다는 말도 있으니 반드시 신청 전에 미리 벤처인에서 제도의 변경 여부 등을 확인하여 준비하길 바란다.

chapter 06

기업부설연구소 인정으로
지원을 늘려라

3년 차 벤처기업을 운영 중인 김대박은 회사는 연매출 100억 원이 넘는 알짜 기업이다. 그러나 법인세가 만만치 않아 사실 부담스러울 만한데, 전년도에 벤처확인을 받았기에 법인세 등의 절감 혜택이 큰 도움이 되고 있었다. 그리고 최근에는 사무실을 한 곳 더 얻어서 기업부설연구소를 설립하고 연구담당 직원 2인을 더 채용했다. 한국산업기술진흥협회에서 기업부설연구소를 인정받음에 따라, 채용한 직원의 인건비 및 연구개발비 일부에 대한 세액 공제를 추가로 받을 수 있게 되었다. 요즘 사업하는 사람들이라면 부설연구소에 관심이 높은데, 이것은 무엇이고 어떤 가치가 있는지 살펴보자.

기업부설연구소의 혜택

벤처기업만큼 혹은 벤처기업보다 더 많은 기업들이 이용하고 혜택을 받고 있는 제도가 기업부설연구소 설립신고 제도이다. '기초연구진흥 및 기술개발지원에 관한 법률'에 의거하여 기업들의 연구개발을 촉진하고자 시행되는 제도이다. 많은 중소기업들에서는 실제 연구개발의 목적으로 설립함과 동시에 자금상의 이득을 얻고자 적극 이용하고 있다.

벤처기업의 혜택은 막강하다. 그리고 기업부설연구소 등의 혜택도 대단하다. 정확한 명칭은 '기업부설연구소'와 '연구개발전담부서'인데, 이를 줄여서 그냥 연구소와 전담부서라 흔히 부른다. 연구소는 본래의 업무용 사무실 이외에 별도의 사무실로 갖추어진 공간이 있는 경우이고, 전담부서는 사무실의 한쪽 구역에 파티션 등으로 전용 공간을 마련한 경우에 해당한다.

기업부설연구소/연구개발전담부서 설립 시 대표적인 혜택

① 연구 및 인력개발비 세액공제 : 금액의 25%(중소기업 기준)
② 연구 및 인력개발 설비투자 세액공제 : 투자금액의 6%(중소기업 기준)
③ 산업기술 연구개발물품 관세 감면 : 관세액의 80%
④ 정부 R&D지원사업 가점 부여 또는 연구소/전담부서 필수
⑤ 전문연구요원(병역특례) 제도 : 병역특례업체로 지정될 경우 연구인력 지원
⑥ 벤처확인 요건 중 하나로 편성
⑦ 기술혁신형 중소기업(이노비즈) 신청 시 가점 부여 등등

연구소나 전담부서의 가장 큰 이점은 연구개발비나 연구인력 인건비에 대한 세액공제가 있어 법인세 절감효과가 난다는 사실이다. 거꾸로 말하면, 그만큼의 연구비나 인건비에 대해 지원금을 받는 것과 같다. 이외에도 병역특례제도에 따라 병역특례업체로 지정을 받으면 3년간 전문연구요원을 국가로부터 지원받아 연구와 사업에 도움이 될 수 있다. 그리고 정부의 R&D지원사업 등에 연구소나 전담부서 보유가 필수인 경우가 있으며, 가점을 받는 경우도 있어 매우 유리해진다.

기업부설연구소 설립 및 인정 방법

기업부설연구소와 연구개발전담부서의 설립 요건은 무엇이며, 어떻게 신청하는 것일까?

다음 페이지 표와 같이 연구전담요원의 인원수를 갖추고 독립된 연구공간을 갖추면 된다. 창업 3년 이하의 소기업은 전담요원이 2인만 있으면 된다. 특히 3년 미만의 중소기업의 경우, 대표자가 연구전담요원 요건을 갖추었다면 대표자도 연구전담요원으로 인정받을 수 있다는 이점이 있다. 단, 3년이 초과되는 경우에는 대표자 이외에 전담요원 2인이 필요하다.

벤처기업 확인제도와 같이, 연구소/전담부서는 신고제도이다. 선설립 후신고인데, 전담요원과 연구공간을 요건에 맞게 미리 갖춘 후 기업부설연구소/연구개발전담부서 신고관리시스템(www.rnd.or.kr)에 온라인으로 신고하면 인정서가 발급된다. 벤처는 확인, 연구소는 인정이라고 한다는 점도 참고로 알아두자. 아울러 부설연구소 또는 전담

구분			신고요건
인적요건	연구소	벤처기업	연구전담요원 2인 이상
		연구원창업중소기업	
		소기업	연구전담요원 3인 이상 단, 창업일로부터 3년까지는 2인 이상
		중기업	연구전담요원 5인 이상
		국외에 있는 기업연구소 (해외연구소)	연구전담요원 5인 이상
		중견기업	연구전담요원 7인 이상
		대기업	연구전담요원 10인 이상
	연구개발전담부서	기업규모에 관계없이 동등 적용	연구전담요원 1인 이상
물적요건	연구시설 및 공간요건		연구개발활동을 수행해 나가는 데 있어서 필수적인 독립된 연구공간과 연구시설을 보유하고 있을 것

〈부설연구소/전담부서 인정 요건〉

부서를 설립하고 나면 사후관리를 하도록 규정되어 있다. 즉, 매년 한 차례 연구소/전담부서 신고관리시스템에 접속하여 연구개발활동에 대한 보고를 제출해야 한다. 이때 요건을 충족하지 못하면 인정 취소될 수도 있다.

연구소 설립의 성공과 실패 사례를 한번 보자. 건축자재를 생산, 판매하는 제조업을 영위하고 있는 K는 창업한 지 이제 막 1년이 넘었다. 서울 시내의 한 오피스텔에 사무실을 두고 있는 K는 직원 2인을 두고 있는데, 이 중 1인을 연구전담요원으로 편성하고 같은 건물 내 다른 방을 하나 더 임차하여 그곳을 부설연구소로 신고하여 부설연구소 인정서를 발급받았다. 반면, 역시 건축자재 제조업을 영위하며 창업한 지 3년이 조금 넘은 D는 4인의 직원 중 3인을 연구전담요원으로 하여 부설연구소 사무실을 별도로 만들고 설립신고를 하였는데, 연구소로 인정받지 못하였다.

동종 업계의 두 기업에 이런 차이가 생긴 원인은 무엇일까? 부설연구소로 인정받은 K의 회사 직원은 모두 건설분야 기사자격증을 가졌거나 이공계 전공자였다. 그리고 대표자 본인도 전담요원 자격을 갖추었기에 직원 1인과 K 본인이 전담요원으로 인정되었던 것이다. 하지만 D의 직원들 중에는 단 1인만이 기사자격증을 가지고 있으며 나머지 직원들은 이공계 출신도 자격증, 경력도 가지지 않았던 것이다. 대표자는 전담요원의 요건을 갖추었지만 3년을 초과한 기업이기 때문에 전담요원으로 포함될 수 없었다. 따라서 3인의 전담요원 신청자 중 2인은 자격이 되지 못하여 연구소 인정을 받을 수 없게 된 것이다.

마지막으로 주의사항이다. 첫째, 기업의 대표자 이외에 직원이 연구전담요원뿐이라면 이는 연구전담요원으로 인정되지 않는다. 연구소(전담부서 포함) 이외에 다른 부서가 사내에 존재하고, 1인 이상의 직원이 있어야만 한다는 것이다. 둘째, 지식서비스 분야는 부설연구소 설립만 가능하지 전담부서 설립은 불가능(정보처리분야만 전담부서도 가능)하다고 하니, 혹시라도 전담부서 설립이 가능한지 여부가 다소 헷갈리는 경우에는 반드시 주무기관에 확인하고 진행하길 바란다. 지식서비스 분야란 위생서비스, 소매, 출판, 소프트웨어개발공급, 광고, 경영컨설팅, 의료 및 보건업종 등이 해당된다.

chapter 07

무형자산을 지키는 방법,
지식재산권

김대박은 오래 다니던 회사에 용감하게 사표를 던지고 창업하였다. 창업 과정을 몸으로 부딪히며 배워가고 있지만 아직도 모르는 것 투성이다. 바쁘게 사업을 영위하면서 조금씩 수익이 나고 있지만, 사업을 통해 거둔 수익 외에 영위하는 사업에서 보호받을 수 있는 무형자산이 무엇이 있는지 궁금해졌다. 대체 내 사업에서 어떠한 무형자산을 보호받을 수 있을까?

창업의 분류

창업은 그 특성에 따라 여러 가지 형태로 나타날 수 있다. 우선 일반 서비스업이나 도소매업 등 자영업 분야의 생계형 창업인 일반창업이 있다. 그리고 제조업, IT, BT, 콘텐츠 분야 등 기술업종 분야에서 새로운 기술이나 아이디어로 제품·서비스를 발굴하는 형태의 기술창업이 있다. 정부지원시책은 기술창업에 대해 많은 지원을 하고 있다.

지식재산권의 종류

사업을 영위하면서 사업에 내재된 다양한 무형자산을 보호받을 수 있다. 사무실, 인적자산, 공장이 있는 경우 공장과 공장의 기계들, 그리고 생산한 제품과 같은 유형자산도 있지만, 회사의 이름, 서비스 이름, 서비스 제공이나 제품 제조를 위한 기술과 같은 무형자산들도 있다. 대다수의 사업가들은 자신의 사업에서 대체 어떠한 무형자산을 보호받을 수 있는지, 어떻게 보호받을 수 있을지를 잘 알지 못한 채 사업을 영위하고 있다. 무형자산에는 과연 어떠한 것이 있으며 어떻게 보호받을 수 있는지 잘 모르므로, 우선 무형자산인 지식재산권의 의미 및 종류를 간단히 설명하도록 한다.

지식재산권이란 문학·예술 및 과학 작품, 연출, 예술가의 공연·음반 및 방송, 발명, 과학적 발견, 공업의장·등록상표·상호 등에 대한 보호 권리와 공업·과학·문학 또는 예술분야의 지적활동에서 발생하는 기타 모든 권리를 포함하는 개념이다. 기업이 개발한 기술, 디자인, 영업권 등에 대한 진입 장벽을 세우고 시장에서 그 권리를 보호받기 위한 수단으로 활용될 수 있으며 나아가 회사 매출이나 마케팅에 직접적 영향을 끼친다.

지식재산권은 보호 목적을 기준으로 산업 발전을 목적으로 하는 산업재산권(특허권, 실용신안권, 디자인권, 상표권), 문화 및 관련 산업의 향상 발전을 목적으로 하는 저작권 그리고 급속도로 발전하는 컴퓨터 산업 등의 새로운 산업의 확장에 따른 신지식재산권(컴퓨터 프로그램, 반도체 집적회로의 배치 설계, 영업비밀, 생명공학기술, 인공지능, 전자상거래 관련 기술, 산업정보저작물 등)으로 크게 분류될 수 있다.

여기서 산업재산권은 특허권, 실용신안권, 디자인권, 상표권으로 분류될 수 있다. 특허권과 실용신안권은 제품 등에 적용된 새로운 기술 내용을 사회에 공개하는 대가로 부여되는 독점적 권리이고, 디자인권은 새로운 산업상 디자인을 사회에 공개하는 대가로 부여되는 독점적 권리이며, 상표권은 상인이나 서비스업자가 사용하는 표장을 독점적으로 사용할 수 있는 권리를 의미한다.

저작권은 문학, 학술, 예술의 범위에 속하는 창작물에 대하여 주어지는 권리로서, 소설·시·각본·논문 등 어문 저작물, 음악 저작물, 연극·무용 등 연극 저작물, 회화(繪畵)·조각 등 미술 저작물, 건축물의 모형 및 설계도 등 건축 영상물, 사진 및 영상 저작물 등이 있으며 컴퓨터 프로그램 및 디지털 컨텐츠도 여기에 포함된다.

그리고 영업비밀은 독립된 경제적 가치를 가지는 것으로서, 상당한 노력에 의하여 비밀로 유지된 정보를 말하며 부정경쟁방지 및 영업비밀보호에 관한 법률(부정경쟁방지법)에 의하여 보호되고 있다. 영업비밀에는 생산방법, 판매방법, 기타 영업활동에 유용한 기술상 또는 경영상의 정보를 포함한다.

지식재산권의 보호 방법

사업에 내재된 다양한 무형자산인 지식재산들은 적절한 법률로 보호받을 수 있다. 예를 들어, 새로운 기능의 제품이나 기술을 개발한 경우에는 특허권, 실용신안권, 디자인권을 통해 자신의 제품이나 기술을 공개하여 보호받을 수 있다. 물론 제품이나 기술을 공개하여 보호받는 대신에 노하우, 즉 영업비밀로 유지하여 보호받을 수도 있겠지만, 리버스 엔지니어링 등으로 제품이나 기술이 노출될 가능성이 크므로 대부분의 경우에는 특허권 또는 디자인권을 통해 보호받는 것이 유리할 것이다. 또한 회사명이나 제품명은 상표권으로 보호받을 수 있고 출판물, 컴퓨터 프로그램, 디지털 콘텐츠 등은 저작권으로도 보호받을 수 있다. 다만, 영업비밀이나 저작물이나 디지털 콘텐츠 등의 경우 따로 출원 및 등록이 필요하지는 않지만 특허권, 실용신안권, 상표권, 디자인권으로 보호받고자 하는 경우에는 해당 소유자가 해당 대상을 특허청에 출원하여 등록받아야만 보호받을 수 있다. 만일 보호 대상이 여러 법률에 적용될 수 있는 경우, 각 법률에 따라 중복 보완적으로 보호받는 것이 가능하다.

다양한 지식재산권을 간략히 설명하였지만 각 사안별로 적용되는 법률과 전략이 상이하므로 가장 좋은 지식재산 보호방법은 해당 분야의 전문가와 상의하는 것이다. 특허권, 실용신안권, 상표권, 디자인권은 해당 분야의 전문가인 변리사의 자문을 구하고, 저작권과 영업비밀(부정경쟁방지법으로 보호됨)은 해당 분야의 전문가인 변호사의 도움을 받는 것이 바람직할 것이다. 다음 표는 지식재산권의 종류와 보호

법률이다.

대상	예시	적용법	발생방식	보호기간
발명	제품에 담긴 기술 예) 삼성페이, 통신기술	특허법	출원 후 등록	등록일로부터 출원 후 20년
고안	물품의 형상·구조·조합 에 관한 고안. 소발명	실용신안법	출원 후 등록	등록일로부터 출원 후 10년
디자인	제품의 외관 형태 예) 스마트폰 외부 디자인	디자인 보호법	출원 후 등록	등록일로부터 출원 후 20년
상표 서비스표	회사 이름 및 제품 이름 예) 삼성전자, 갤럭시 S8	상표법	출원 후 등록	등록 후 10년 (10년마다 갱신)
저작물	출판물, 디지털 컨텐츠 등 예) 캐릭터, 동영상	저작권법	창작과 동시	저작자 사후 70년
영업비밀	제품 제조기술 영업고객 리스트 등	부정경쟁 방지법	비공개되고 독립적 경제 가치	비밀로 보호되는 기간 동안 계속
컴퓨터 프로그램	프로그램 코드가 담긴 CD	저작권법, 특허법	코딩 또는 설계 종료	공개 후 70년
반도체 설계	반도체 집적회로 설계도	반도체집적 회로의 배치 설계에 관한 법률	설계 후 설정등록	등록 후 10년

〈지식재산권의 종류와 보호 법률〉

chapter 08

아이디어를 보호하는 방법, 디자인권과 특허권

김대박은 수많은 시행착오 끝에 자신의 아이디어를 제품화할 수 있었다. 그러나 피땀 흘려 새로운 제품이나 독창적인 제품을 개발해 출시해도 어느 순간 중국에서 똑같은 카피 제품이 만들어져 수입된다. 김대박은 자신이 만든 제품을 어떻게 효과적으로 보호받을 수 있을까?

사업을 영위함에 있어서 지식재산권의 중요성은 날이 갈수록 증가하고 있다.

특허등록, 상표등록, 디자인 등록으로써 제3자의 도용 및 침해에 대비하는 것 외에도 해당 권리를 보유함으로써 사업에 다양한 방법으로 활용이 가능하다.

주요 제품이나 서비스의 사업성이 확실하다면 우선적으로 고려해야 할 것이 특허·상표·디자인 출원을 통한 등록이다. 그리고 특허·상표·디자인의 출원 및 등록은 마케팅에도 이용할 수 있으므로 중요하게 생각하고 보유해야 할 것이 디자인권, 특허권, 상표권이다.

제품 이름, 서비스 이름, 회사 이름의 경우에는 상표권 획득을 통해 전국적으로 독점 사용권을 확보하는 동시에 제3자가 관련 제품이나 업종에서 유사한 이름을 사용하는 것을 배제할 수 있다. 제품의 외양과 제품에 내재된 기술과 관련해서는 디자인권과 특허권 획득을 고려해야 한다.

디자인권에 대하여

디자인보호법이 보호하는 디자인은 물품의 형상·모양·색채 또는 이들을 결합한 것으로 시각을 통해 미감을 일으키게 하는 것이다. 간단히 말해서 디자인보호법에서 보호받을 수 있는 디자인은 육안으로 볼 수 있는 제품의 외형이다. 기존 제품과는 차별화된 독특한 형태적인 특징을 갖도록 창작한 경우에는 이러한 외형에 대하여 디자인출원을 통해 디자인 등록을 받을 수 있으며, 디자인 등록에 의해 디자인권이 발생된다.

디자인적 패턴이나 캐릭터, 제품 모양, 구성품의 모형과 색, 화상 디자인 등 디자인의 범위는 생각하는 것 이상으로 넓으며, 타 제품과의 차별화를 강조하고 구매욕을 불러일으켜 매출을 증대시키는 요소로서의 디자인의 중요성이 더욱 커지고 있다.

이러한 디자인권은 동일하거나 또는 유사한 디자인에까지 그 효력이 미친다. 따라서 기존의 제품과는 다른 독특한 형태를 가진 제품을 개발한 경우, 해당 제품을 시중에 출시하기 전에 반드시 디자인출원을 통해 디자인등록을 받는 것이 바람직하다. 디자인등록을 받게 되면 동일 또는 유사한 디자인을 가진 제품을 판매하지 못하게 할 수 있을 뿐만 아니라 나아가 복제품이나 유사품의 판매로 인한 손해배상까지 청구할 수 있다.

여러 상담을 진행하다보면 독특한 디자인의 제품을 직접 개발하였음에도 디자인 등록을 받지 못하는 안타까운 경우가 많이 있다. 독특한 디자인의 경우 해당 제품을 시장에 출시하기 전 또는 출시하고 나서 일정 기간 내에 디자인출원 절차를 밟아야 하는데, 디자인보호법에 대해 잘 알지 못하거나 여러 가지 사정으로 디자인출원을 못한 경우이다. 예외적인 경우 디자인 등록이 가능할 수 있지만, 대개는 자신이 직접 판매한 제품 또는 그것의 복제품 또는 유사품으로 인하여 안타깝게도 디자인 등록을 받지 못하게 된다.

따라서 독특한 형태를 가진 제품을 개발한 경우에는 해당 제품을 시장 출시 전에 반드시 디자인출원 절차를 밟을 것을 권유한다.

특허권에 대하여

특허는 제품에 구현된 기술을 보호받는 것이다. 특허법에 따르면, "발명이라 함은 자연법칙을 이용한 기술적 사상의 창작으로서 고도한 것"이라고 정의한다.

특허는 출원한다고 해서 모두 등록받는 것이 아니라 심사 시 일정 요건을 만족해야만 특허청으로부터 특허권을 부여받는다. 특허등록을 받기 위해서는 해당 아이디어나 기술이 기존에 존재하지 않았어야 하고, 기존에 존재하고 있는 유사한 기술과 비교하여 기술적 진보성이 인정되어야 한다.

만일 기존 기술과는 차별화된 구조나 기능을 가진 기술을 개발하였다면, 해당 기술에 대해서는 특허출원 절차를 밟을 것을 고려해야 한다. 특허등록을 받게 되면 다른 사람이 해당 기술을 사용하지 못하게 할 수 있을 뿐만 아니라 나아가 해당 기술의 사용으로 인한 손해배상까지 청구할 수 있다.

또한 특허출원 및 특허권 보유를 마케팅에 이용할 수도 있고, 해당 특허권의 가치 평가 후에 특허권을 자산으로 잡을 수도 있으며, 투자금을 유치하는 데 유리하게 이용하는 등 다양한 방면에 이용할 수 있다.

특허 여부를 확인하는 방법

특허정보넷(키프리스)에서는 특허청이 보유한 국내·외 지식재산권 관련 정보를 검색 및 열람할 수 있다. 미국, 유럽, 일본, 중국 등의 PCT 및 특허 정보도 검색 가능하며 해외 특허 정보는 각 국가의 특허청에서도 검색할 수 있다.

chapter 09

콘텐츠를 보호하는 방법, 저작권

출판물, 저작물, 산업디자인, 예술품, 컴퓨터 프로그램, 디지털 콘텐츠(음악, 사진, 영상 등) 등의 창작물과 관련해서는 저작권법을 통해 보호받는 것을 고려할 수 있다.

저작권은 베른 협약의 무방식주의에 따라 등록하지 않아도 권리가 발생한다. 즉 저작권의 발생은 저작물의 창작과 동시에 이루어지며 등록, 납본, 기탁 등 일체의 절차나 방식을 요하지 않는다. 하지만 등록을 하게 되면 추정력, 대항력, 법정손해배상청구 가능, 침해물품 통관 보류 신고 등 권리자로서 유리한 지위에 설 수 있다.

저작권 등록이란 저작물에 관한 일정한 사항(저작자 성명, 창작연월일, 맨 처음 공표연월일 등)과 저작재산권의 양도, 처분제한, 질권설정 등 권리의 변동에 대한 사항을 저작권등록부라는 공적인 장부에 등재하고 일반 국민에게 공개, 열람하도록 공시하는 것이다.

저작권은 등록하지 않아도 자연히 발생하는 권리지만, 등록을 하지 않는 경우에는 나중에 분쟁이 발생하는 경우 권리자가 직접 모든 주장 사실을 입증해야 한다. 그러나 저작권 등록을 하게 되면 공적으로 공개가 되는 것이므로 저작권의 존재 등에 대해 입증이 용이해지므로, 당연히 저작권 등록을 하는 게 유리하다.

저작권은 한국저작권위원회(www.copyright.or.kr)의 저작권 등록시스템(www.cros.or.kr)에서 등록할 수 있다.

컴퓨터 프로그램, 산업디자인 제품, 디지털 콘텐츠 등과 관련하여 특허·상표·디자인 출원을 진행하지 못했다면 저작권법의 대상 저작물인지 체크한 후 전문가에게 문의하여 저작권법을 통한 보호방안을 강구할 수 있을 것이다.

저작권법의 보호대상인 저작물과 관련하여 간단히 다음 표로 정리하였으므로, 보호받고자 하는 대상이 저작권법의 보호대상인 저작물에 해당하는지 체크하고, 만일 잘 모르는 부분이 있다면 전문가인 변호사에게 자문을 구하도록 하자.

권리	보호대상	내용
저작권	어문저작물	소설, 시, 논문, 강연, 연술, 각본 등 언어를 매체로 하여 작성된 저작물
	음악저작물	악곡 등 음(音)에 의하여 표현되는 저작물
	연극저작물	연극 및 무용, 무언극 등에 있어 동작에 의하여 표현되는 저작물(즉, 동작의 형(型), 안무)
	미술저작물	회화, 서예, 도안, 조각, 공예, 응용미술저작물 등 형상 또는 색채에 의하여 미적(美的)으로 표현되는 저작물
	건축저작물	건축물, 건축을 위한 모형 및 설계도서 등 토지상의 공작물에 표현된 전체적인 디자인
	사진저작물	사진, 청사진 등 사진의 방법으로 표현한 저작물
	영상저작물	영화, 애니메이션 등 연속적인 영상으로 표현되는 저작물
	도형저작물	지도, 도표, 약도, 모형, 설계도(건축 설계도·모형은 ⑤에 해당)에 의해 표현되는 저작물
	컴퓨터프로그램저작물	특정한 결과를 얻기 위하여 컴퓨터 등 정보처리능력을 가진 장치안에서 직접 또는 간접으로 사용되는 일련의 지시·명령으로 표현된 창작물
	편집저작물	저작물이나 부호, 문자, 음성, 음향, 영상 그 밖의 자료 등 소재의 집합물로서 그 소재의 선택 또는 배열이 창작성이 있는 것(창작성 있는 데이터베이스 포함)
	2차적저작물	원저작물을 번역·편곡·변형·각색·영상제작 그 밖의 방법으로 작성한 창작물. 2차적저작물은 다시 위의 저작물에 해당할 수 있음
저작인접권	실연	저작물을 연기·무용·연주·가창·연술 그 밖의 예능적 방법으로 표현하는 것

권리	보호대상	내용
저작인접권	음반	(가창·연주·자연의 소리 등)음이 유형물에 고정된 것(음이 영상과 함께 고정된 것은 제외)으로 CD와 같은 매체가 아니라 이에 수록된 콘텐츠 자체
	방송	라디오 방송, 텔레비전 방송 등
데이터베이스 제작자권리	데이터베이스	데이터의 소재를 체계적으로 배열 또는 구성하여 그 소재를 개별적으로 접근 또는 검색할 수 있게 한 편집물로서 데이터베이스

chapter 10

산업재산권은 누구의 명의로 해야 할까?

김대박은 아이디어 소품에 대하여 디자인출원을 계획 중이다. 그런데 회사 명의로 출원을 하는 것이 좋을지 김대박 개인 명의로 출원을 진행하는 것이 좋을 것인지 고민이 된다.

결론부터 말하자면 이것은 선택의 문제이지 정답이 있는 문제는 아니다. 회사 명의로 출원을 하려면 그 회사는 법인이어야 한다. 개인사업자인 경우는 그 회사를 출원인으로 할 수는 없으며 대표자 개인 명의로 출원을 해야 한다. 법인과 대표이사 개인은 법적으로 다른 주체이므로, 법인으로 출원하는 것과 개인 이름으로 출원하는 것은 서로 다르다.

산업재산권(특허권, 실용신안권, 디자인권, 상표권)은 등록되는 경우 출원인이 권리자가 된다. 따라서 법인 회사를 출원인으로 하는 것과 개인을 출원인으로 하는 것은 산업재산권의 최종 권리자가 상이해지므로 서로 다르다.

법인으로 출원하면 등록 후 법인의 자산이 되고, 개인 명의로 출원하면 개인의 자산일 뿐 법인의 자산이 아니다.

필요 시 출원 중인 권리와 등록된 권리를 자유롭게 양도할 수 있다. 특허권은 부동산 등기부처럼 등록부가 따로 있어 외부에 공시되며, 출원 단계뿐만 아니라 등록된 후에도 개인에서 법인으로 또는 법인에서 개인으로 자유롭게 양도할 수 있다. 또한 법인과 개인, 여러 법인 또는 여러 개인이 동시에 공동으로 소유하는 것도 가능하며, 공동권리자의 수에는 전혀 제한이 없다.

법인 명의로 출원할 경우

법인 명의로 출원하여 권리를 가지는 경우 산업재산권의 소유권은 법인의 대표이사가 아닌 법인 자체에 귀속된다. 따라서 법인의 변동이나 대표이사가 변동하는 경우에도 그 권리가 법인과 함께 한다. 다만, 산업재산권 등이 재무재표에 자산으로 잡혀 양도나 실시권의 허락 등의 절차가 상대적으로 복잡하다.

개인 명의로 출원할 경우

개인 명의로 출원 신청을 하면 산업재산권은 개인이 소유한다. 이 경우 산업재산권의 양도나 실시권의 허락 등의 절차가 상대적으로 간편하다. 또한 법인이 소멸하거나 법인의 대표자가 바뀌거나 법인이 합병되더라도 특별히 영향을 받지 않는다. 한편, 법인 대표이사가 발명자인 경우 대표이사 개인 명의로 특허출원하여 등록받은 후 자신이 대표이사로 있는 법인으로 양도하여 직무발명 보상을 받을 수도 있고 법인과 사용권계약을 체결할 수도 있다.

따라서 현재의 사업 상황에 맞춰 출원인을 결정하면 된다. 추후 벤처기업 인증을 받는다거나 기술을 담보로 자금 지원을 받기 위해선 법인 명의로 출원하거나 법인으로 양도해두는 것이 유리할 수 있다. 출원인과 등록권리자는 언제든지 자유롭게 권리 양도를 통해 명의자를 변경할 수 있으므로, 추후 상황이 변경되어 출원인이나 권리자의 변경이 필요한 경우 해당 절차를 밟으면 된다.

다만, 개인의 경우와는 달리 법인의 경우 양도하는 것이 다소 복잡할 수 있다. 또한 여러 사람이나 법인이 공동으로 권리를 소유하는 경우 소유자들의 전원 동의가 있어야 권리를 양도할 수 있으므로 주의해야 한다.

chapter 11

이용약관을 작성할 때
유의해야 할 것은?

서비스업으로 창업을 하려는 주식회사 대박은 회원들에 대한 서비스 이용약관을 마련하여 동의를 받은 후 서비스를 제공하고자 한다. 해당 법률관계에 대하여 대비책을 마련하려고 하는데, 이용약관 작성 시 무엇을 유의해야 할까?

약관의 규제에 관한 법률의 규율

"그 명칭이나 형태 또는 범위에 상관없이 계약의 한쪽 당사자가 여러 명의 상대방과 계약을 체결하기 위하여 일정한 형식으로 미리 마련한 계약"을 약관이라고 하며, 이러한 약관은 약관의 규제에 관한 법률의 규율을 받는다.

사업자는 약관에 정하여져 있는 중요한 내용을 고객이 이해할 수 있도록 설명하여야 하는 설명의무가 있으며, 이러한 설명의무를 이행하지 않는 경우 해당 약관을 계약의 내용으로 주장할 수 없게 된다(약관의 규제에 관한 법률 제3조 제3항, 제4항).

다만, 별도의 설명 없이도 충분히 예상할 수 있었던 사항이거나 이미 법령에 의하여 정하여진 것을 되풀이하거나 부연하는 정도에 불과한 사항, 이미 약관의 내용을 충분히 잘 알고 있는 경우에 대하여는 별도 설명이 없어도 계약 내용으로 주장할 수 있다. 법원 판례에도 다음과 같이 명시하고 있다. "보험자에게 보험약관의 명시·설명의무가 인정되는 것은 어디까지나 보험계약자가 알지 못하는 가운데 약관에 정하여진 중요한 사항이 계약 내용으로 되어 보험계약자가 예측하지 못한 불이익을 받게 되는 것을 피하고자 하는 데 그 근거가 있으므로, 보험약관에 정하여진 사항이라고 하더라도 거래상 일반적이고 공통된 것이어서 보험계약자가 별도의 설명 없이도 충분히 예상할 수 있었던 사항이거나 이미 법령에 의하여 정하여진 것을 되풀이하거나 부연하는 정도에 불과한 사항에 대하여서는 보험자에게 명시·설명의무가 인정된다고 할 수 없고 또 보험계약자나 그 대리인이 이미 약관의 내용을 충분히 잘 알고 있는 경우에는 보험자로서는 보험계약자 또는 그 대리인에게 약관의 내용을 따로이 설명할 필요가 없다(대법원 2004. 11. 25. 선고 판결)."

불공정한 약관은 무효

설명의무를 이행하여 약관이 계약의 내용으로 된 경우에도 해당 약관 내용이 신의성실에 반하여 공정성을 잃은 약관 조항은 무효로 되어 계약 내용이 되지 않는다(약관의 규제에 관한 법률 제6조 제1항).

판례는 "고객에 대하여 부당하게 불리한 조항으로서 '신의성실의 원칙에 반하여 공정을 잃은 약관 조항'이라는 이유로 무효라고 보기 위해서는, 약관 조항이 고객에게 다소 불이익하다는 점만으로는 부족하고, 약관 작성자가 거래상 지위를 남용하여 계약 상대방의 정당한 이익과 합리적인 기대에 반하여 형평에 어긋나는 약관 조항을 작성·사용함으로써 건전한 거래질서를 훼손하는 등 고객에게 부당하게 불이익을 주었다는 점이 인정되어야 한다. 그리고 이와 같이 약관 조항의 무효 사유에 해당하는 '고객에게 부당하게 불리한 조항'인지는 약관 조항에 의하여 고객에게 생길 수 있는 불이익의 내용과 불이익 발생의 개연성, 당사자들 사이의 거래과정에 미치는 영향, 관계 법령의 규정 등 모든 사정을 종합하여 판단하여야 한다."는 입장이다(대법원 2014. 6. 12. 선고 2013다214864 판결).

불공정한 약관으로 인정되는 경우

고객에게 부당하게 불리한 조항이나, 고객이 계약의 거래형태 등 관련된 모든 사정에 비추어 예상하기 어려운 조항, 계약의 목적을 달성할 수 없을 정도로 계약에 따르는 본질적 권리를 제한하는 조항은 공정성을 잃은 것으로 추정되며(약관의 규제에 관한 법률 제6조 제2항),

사업자의 고의 또는 중대한 과실로 인한 법률상의 책임을 배제하는 면책조항이나(동법 제7조), 고객에게 부당하게 과중한 지연 손해금 등의 손해배상 의무를 부담시키는 손해배상액의 예정 조항(동법 제8조), 법률에 따른 고객의 해제권 또는 해지권을 배제하거나 그 행사를 제한하는 등의 계약의 해제·해지에 관한 조항(동법 제9조), 상당한 이유 없이 급부의 내용을 사업자가 일방적으로 결정하거나 변경할 수 있도록 권한을 부여하는 등의 채무의 이행조항(동법 제10조), 법률에 따른 고객의 항변권, 상계권, 기한의 이익 등의 권리를 상당한 이유 없이 배제하거나 제한하는 등의 고객의 권익 보호에 관한 조항(동법 제11조), 고객의 의사표시의 형식이나 요건에 대하여 부당하게 엄격한 제한을 두는 등의 의사표시의 의제에 관한 조항(동법 제12조), 고객의 대리인에 의하여 계약이 체결된 경우 고객이 그 의무를 이행하지 아니하는 경우에는 대리인에게 그 의무의 전부 또는 일부를 이행할 책임을 지우는 내용의 대리인의 책임 가중 조항(동법 제13조), 고객에게 부당하게 불리한 소송 제기 금지 조항 또는 재판관할의 합의 조항, 상당한 이유 없이 고객에게 입증책임을 부담시키는 소송 관련 조항(동법 제14조) 등 역시 불공정한 약관 조항으로서 무효가 된다.

개별약정이 약관에 우선

다만 약관에서 정하고 있는 사항에 관하여 사업자와 고객이 약관의 내용과 다르게 합의한 사항이 있는 경우에는 그와 같은 합의사항은 약관에 우선하는 개별약정이 된다(동법 제4조).

chapter 12

고객의 개인정보는 어떻게 관리해야 하나?

주식회사 대박은 홈페이지를 개설하여 회원으로 가입하는 고객들의 정보를 수집하려고 한다. 개인정보보호 관련 유의해야 할 사항은 무엇이 있을까?

개인정보란 살아있는 개인에 관한 정보로서 성명, 주민등록번호 및 영상 등을 통하여 개인을 알아볼 수 있는 정보(특정 개인을 알아볼 수 없더라도 다른 정보와 쉽게 결합하여 알아볼 수 있는 경우도 포함)를 말한다(개인정보보호법 제2조 제1호).

개인정보처리자는 개인정보의 처리 목적을 명확하게 하여야 하고 그 목적에 필요한 범위에서 최소한의 개인정보만을 적법하고 정당하게 수집해야 하며, 개인정보의 처리 목적에 필요한 범위에서 적합하게 개인정보를 처리해야 하고, 그 목적 외의 용도로 활용하면 안 된다(개인정보보호법 제3조 제1항, 제2항).

즉, 고객의 성명, 주민번호, 전화번호 등의 개인정보를 수집함에 있어 그 수집한다는 목적을 분명히 밝혀야 하고, 목적에 필요한 범위에서 개인정보를 활용해야 한다.

개인정보를 수집할 수 있는 경우

다만 개인정보처리자는 다음 중 어느 하나에 해당하는 경우에 개인정보를 수집할 수 있으며 그 수집 목적의 범위에서 이용할 수 있다(개인정보보호법 제15조 제1항).

① 정보주체의 동의를 받은 경우
② 법률에 특별한 규정이 있거나 법령상 의무를 준수하기 위하여 불가피한 경우
③ 공공기관이 법령 등에서 정하는 소관 업무의 수행을 위하여 불가피한 경우
④ 정보주체와의 계약의 체결 및 이행을 위하여 불가피하게 필요한 경우
⑤ 정보주체 또는 그 법정대리인이 의사표시를 할 수 없는 상태에 있거나 주소불명 등으로 사전 동의를 받을 수 없는 경우로서 명

백히 정보주체 또는 제3자의 급박한 생명, 신체, 재산의 이익을 위하여 필요하다고 인정되는 경우

⑥ 개인정보처리자의 정당한 이익을 달성하기 위하여 필요한 경우로서 명백하게 정보주체의 권리보다 우선하는 경우. 이 경우 개인정보처리자의 정당한 이익과 상당한 관련이 있고 합리적인 범위를 초과하지 아니하는 경우에 한한다.

②와 ⑥의 경우에는 정보주체의 동의를 얻지 않은 경우에도 개인정보를 수집, 이용할 수 있는 예외에 해당한다. 법원은 '경품배달, 포인트 관리' 등의 이행도 ④의 계약의 이행에 포함되는 것으로 보아 경품 배송 등을 위하여 개인정보의 수집·이용 등의 동의를 받아야 하는 부분은 정보주체의 동의가 필요 없는 예외에 해당된다고 보고 있다(서울고등법원 2014. 1. 9. 선고 2013누14476 판결).

하지만 홈페이지 내에 개인정보보호에 관한 정책을 표시하여 두고, 개인정보 제공동의서 양식을 활용하거나 컨펌창 등을 통하여 개인정보 수집에 대한 안내, 동의 및 제공에 관한 동의를 받아둠으로써 문제의 소지를 최대한 줄일 수 있다.

개인정보처리에 대한 동의 방법

개인정보처리자는 개인정보의 처리에 대하여 다음 중 어느 하나에 해당하는 방법으로 정보주체의 동의를 받아야 한다(개인정보보호법 시행령 제17조 제1항).

① 동의 내용이 적힌 서면을 정보주체에게 직접 발급하거나 우편 또는 팩스 등의 방법으로 전달하고, 정보주체가 서명하거나 날인한 동의서를 받는 방법

② 전화를 통하여 동의 내용을 정보주체에게 알리고 동의의 의사표시를 확인하는 방법

③ 전화를 통하여 동의 내용을 정보주체에게 알리고 정보주체에게 인터넷주소 등을 통하여 동의 사항을 확인하도록 한 후 다시 전화를 통하여 그 동의 사항에 대한 동의의 의사표시를 확인하는 방법

④ 인터넷 홈페이지 등에 동의 내용을 게재하고 정보주체가 동의 여부를 표시하도록 하는 방법

⑤ 동의 내용이 적힌 전자우편을 발송하여 정보주체로부터 동의의 의사표시가 적힌 전자우편을 받는 방법

⑥ 그 밖에 ①부터 ⑤까지의 규정에 따른 방법에 준하는 방법으로 동의 내용을 알리고 동의의 의사표시를 확인하는 방법

개인정보 수집 안내에 대한 표시방법

개인정보처리자가 정보주체의 동의를 서면 또는 전자문서로 받을 때에는 개인정보의 수집·이용 목적, 수집·이용하려는 개인정보의 항목 등 다음 사항을 글씨의 크기는 최소한 9포인트 이상으로 다른 내용보다 20% 이상 크게 하여 알아보기 쉽게 해야 한다. 또한 글씨의 색깔 굵기 또는 밑줄 등을 통하여 그 내용이 명확히 표시되도록 해야

한다. 동의 사항이 많아 중요한 내용이 명확히 구분되기 어려운 경우에는 중요한 내용이 쉽게 확인될 수 있도록 그 밖의 내용과 별도로 구분하여 표시하는 등의 방법에 따라 명확히 표시하여 알아보기 쉽게 해야 한다(개인정보보호법 제22조 제2항, 동법 시행령 제17조, 동법 시행규칙 제4조).

① 개인정보의 수집·이용 목적 중 재화나 서비스의 홍보 또는 판매 권유 등을 위하여 해당 개인정보를 이용하여 정보주체에게 연락할 수 있다는 사실
② 처리하려는 개인정보의 항목 중 다음 각 사항
  - 민감정보(유전자검사 등의 결과로 얻어진 유전정보, 범죄경력자료)
  - 여권번호, 운전면허의 면허번호 및 외국인등록번호
③ 개인정보의 보유 및 이용 기간(제공 시에는 제공받는 자의 보유 및 이용 기간을 말한다.)
④ 개인정보를 제공받는 자 및 개인정보를 제공받는 자의 개인정보 이용 목적

PART III
사업의 도약과
성장을 위한 길

chapter 01

기업들이 잘 모르는
알짜 국가 지원사업들

김대박 대표는 부모님이 운영하는 배 과수원에서 나오는 낙과나 상품화가 어려운 과일을 이용해 배즙을 포함한 배음료를 제조 및 판매하는 회사를 운영하고 있는 청년사업가이다. 창업 후 5년을 막 넘은 기업으로 지역을 기반으로 하여 인근 농협마트에 납품하거나 개인판매를 하면서 사업을 성장시켜 가고 있었는데, 성장이 더뎌 걱정이 많았다. 그러던 와중에 알게 된 경영지도사의 안내로 중소기업유통센터에서 중소기업의 판로개척을 지원해주는 사업이 있다는 것을 확인하고 이를 추진하기로 했다.

제품의 품질에 자신이 있고, 원가가 약간 상승하긴 했지만 소비자가 마시기 편리한 포장을 도입하여 편의성과 가치를 높인 상품이었기에 확신을 갖고 해당 사업에 지원하여 공영홈쇼핑에 몇 회에 걸친 방송의 기회를 얻게 되었다.

이 기회를 놓치지 않고 준비한 김 대표는 2회 방송 만에 상당한 양의 매출을 올리게 되었고, 홈쇼핑에서 정규편성을 제안받았다. 기업의 성장 초기 단계에서 정부의 유통지원을 통해 지역 판매를 넘어 전국구 판매망을 얻게 되었고 방송 몇 회 만에 매출의 엄청난 성장을 실현할 수 있게 되었다.

여러 홈쇼핑 채널 중 공영홈쇼핑(www.immall.co.kr)은 중소기업들의 다양한 우수제품들을 소개하고 판매하고 있다.

중소기업 제품을 공영홈쇼핑을 비롯한 국내 대기업의 홈쇼핑 등 유통망에 진출토록 지원해주는 역할을 하는 곳이 중소기업유통센터에서 운영하는 아임스타즈(www.imstars.or.kr)이다. 중소기업 대표들에게 중소기업유통센터의 활용에 대해 알려주면, 80% 정도는 전혀 모르고 있다가 놀라움을 금치 못한다. 이러한 지원사업이 있지만 전혀 정보를 얻지 못했던 것이다.

경영 및 마케팅 컨설팅 지원

사업하는 기업에서는 창업 및 기술개발 자금의 지원에 대한 정보로 기술보증, R&D자금, 중소기업 및 소상공인 지원자금 등에 대해서는 대체로 알고 있다. 여기서는 의외로 많은 기업들이 모르고 있는 알짜 지원사업들에 대해서 알아보고자 한다. 물론 그 종류는 무수히 많아

필자도 다 챙기기 힘들지만 그중에서도 비교적 규모 있고, 정책자금이 지원되는 사항 중심으로 보도록 하겠다. 다음 표는 잘 알려지지 않은 중소기업 대상 알짜 지원사업들이다.

지원 사업	주요 혜택	주관기관
중소기업 현장클리닉	클리닉비용 70% 지원(클리닉 총금액 1~2백만 원 수준)	중소기업 비즈니스지원단
제품 유통, 마케팅 지원	유통 및 마케팅 지원(통상 3백만~1천만 원 수준)	중소기업유통센터
소상공인 협동조합 지원	1억 원 한도 자금 지원, 전문가 컨설팅 제공	소상공인시장진흥공단
중소기업 컨설팅 지원	경영컨설팅 비용 30~90% 지원(3천만 원 한도)	중소벤처기업부
각 지자체·기관별 지원	다양한 지자체별·기관별 지원 사업 제공 (경기SOS넷, egbiz, 정보진흥원, 기술진흥원, 기업진흥원 등)	지자체 운영기관

먼저, 중소기업 비즈니스지원단의 현장클리닉이 있다. 필자와 같은 경영지도사 및 기술지도사들이 클리닉위원으로서 중소기업의 경영, 마케팅, 기술 및 수출 등 여러 분야에 대해 보통 3일에서 5일 내외로 자문하고 도움을 제공하는 제도이다. 3일 기준 대략 1백만 원 수준의 클리닉 비용이 발생되나, 이 중 70% 정도의 비용은 중소벤처기업부에서 대신 지급하므로 기업은 30% 정도만 납부하면 된다. 비교적 간단한 범위의 도움이나 즉각적으로 전문가 조언 및 해결이 필요한 경우에 활용하기 적당하다.

중소기업 컨설팅 지원사업이라는 것도 있는데, 이것은 현장클리닉

보다 훨씬 심도 있게 경영 및 기술에 관한 컨설팅을 진행하는 것으로서 3개월에서 6개월 정도 진행되며, 이때 컨설팅 비용이 보통 1~3천만 원 정도 발생하는데 통상적으로 이 금액의 50~90%를 지원받게 된다. 따라서 기업 입장에서 적은 비용으로 전문적인 컨설팅을 받을 수 있는 장점이 있다. 실제로 이 컨설팅을 통하여 사업성과가 극적으로 나타난 기업들이 많다고 한다. 업력이나 업종에 제한이 없이 신청 가능하여 아는 기업들은 많이 이용하고 있지만, 정보를 모르는 기업들은 전혀 활용하지 못하고 있는 지원사업이다. 지원금액의 규모가 크다보니, 킨설팅을 신청하고 소정의 심사를 거쳐 최종 지원 여부가 확정되므로, 사전에 지원사업에 소속된 경영·기술지도사와 협조하여 계획서를 잘 작성하고 통과될 수 있도록 준비해야 한다.

한편 소상공인시장진흥공단에서는 소상공인 5인 이상이 협동조합을 구성할 경우 협동조합 운영에 관한 컨설팅 제공은 물론 공동 R&D, 장비 및 장소 임차비용이나 브랜드 개발 및 마케팅 등에 소요되는 비용을 그 항목에 따라 1천만 원에서 최대 1억 원 한도로 지원해주고 있다. 최근 협동조합 설립 붐에 따라 지원하는 조합도 많이 늘어나고 있는 것으로 보인다.

이 외에도 기업이 매우 많은 지역인 경기도는 기업SOS넷(www.giupsos.or.kr)을 통해 경영애로를 해소하는 데 도움을 주고 있으며, 경기도 내 지원사업을 한번에 확인할 수 있는 이지비즈(www.egbiz.or.kr)를 운영하고 있어 다양한 자금지원이나 컨설팅 등을 제공받을 수 있다. 이처럼 중앙정부 이외의 기관에서도 직접 지원을 받거나 지원사업에 대한 정보를 효과적으로 제공받을 수 있는데, 예를 들면 서울산업진흥원, 충청남도경제진흥원, 전남정보문화산업진흥원 등 셀수 없이 많은 기관에서 자금이나 컨설팅 등을 제공하고 있으니 속해있는 지역이나 관련 산업분야별로 잘 검색해보면 혜택이 적지 않다. 정보력이 기업역량이 되고 있는 것이다.

참고로 국토교통부, 환경부, 농림축산식품부 등 기업과 직접 관련이 없는 부처와 산하기관에서도 지원사업들을 제공하므로, 이러한 부분도 가끔 확인하면 도움될 것이다.

chapter 02

기업의 경쟁력을 높이는
NEP와 NET 인증

건설용 재료를 생산·유통하고 있는 주식회사 대박은 경쟁이 치열한 업계에서 비교적 잘 버텨왔다. 그러나 경기는 침체되고 경쟁사는 많은 상황에서 더욱 강력한 경쟁우위를 확보할 필요성이 있었다. 그리하여 신기술로 새로운 제품을 만들어냈다. 이 기술을 NET 인증을 받음으로써 공공기관의 신자재로 승인이 되어 현장에 도입이 확정되었다. 이에 공공기관의 거의 모든 사업에 이 자재가 반영됨에 따라 기업은 탄탄대로를 걸을 수 있게 되었다. 또한 NET 인증이 영향력을 발휘하여 민간기업과도 상당량 거래가 성사되었다.

더불어 우대 금리로 정책자금을 받을 수 있어 생산설비를 확충하는 데 유용하게 사용하였다. NEP와 NET는 어떻게 받을 수 있을까?

기술력을 인정해주는 유용한 제도

신제품(NEP, New Excellent Product) 인증과 신기술(NET, New Excellent Technology) 인증은 우리나라에서 최초이자 매우 탁월한 기술이 반영된 제품 혹은 그 기술에 대해 국가가 인정을 해주는 제도이다. 이러한 인증을 받으면 소정의 절차를 거쳐 공공기관의 우선구매, 정책자금 및 금융지원에 우대 혜택을 받을 수 있는 아주 높은 수준의 인증이다. 그래서 특히 공공기관의 공사나 구매에 참여하는 기업들은 NEP, NET 인증에 민감하며, 여기어 더해 조달우수제품인증까지도 추진하는 경우가 많다. 공공기관과 무관한 사업을 하는 경우에도 금융 등에 관한 혜택은 물론 이 인증을 받았다는 것 자체가 신뢰성을 확보하는 홍보전략이 되기 때문에 아는 기업은 다 시도하는 인증이라고 말할 수도 있겠다. NEP는 국가기술표준원에서 인증 및 관리를 하고 있으며, NET는 분야별로 해당하는 부처 산하기관에서 인증 및 관리 업무를 수행하고 있다.

NEP와 NET는 최대 3년의 유효기간을 제공하며, 1회 연장이 가능하다. NEP와 NET의 혜택은 각 인증에 따라 약간의 차이는 있으므로 해당 인증기관에서 정보를 확인하면 된다.

NEP 인증

'산업기술혁신 촉진법' 제16조(신제품의 인증)에 의거하여 국가기술표준원에서 인증 및 관리하고 있는 NEP 인증은 국내에서 최초로 개발된 기술 또는 이에 준하는 대체기술로서 기존의 기술을 혁신적으로 개선 개량한 신기술이 적용된 제품으로 사용자에게 판매되기 시작한 후 3년을 경과하지 않은 개발제품에 대하여 인증을 해주는 제도이다. 이미 국내에서 일반화된 기술을 적용한 제품이나 제품을 구성하는 핵심 부품 일체가 수입품인 제품, 적용한 신기술이 신제품의 고유 기능과 목적을 구현하는 데 필요하지 않은 제품이거나 식품, 의약품 및 '의료기기법' 제2조에 따른 의료기기 등은 인증에서 제외된다.

NEP 인증 신청은 신제품 인증 사이트(www.nepmark.or.kr)를 참고해보자.

NET 인증

NET 인증은 서로 다른 몇 개의 관련법과 주무부처에 의해 인증이 시행되고 있는데, '산업기술혁신 촉진법' 제15조의 2, '환경기술 및 환경산업 지원법' 제7조, '건설기술 진흥법' 제14조, '농림식품과학기술 육성법' 제12조의 2, '해양수산과학기술 육성법' 제17조 등에 따라 일반 NET를 비롯하여 환경, 건설교통, 농림식품, 해양수산 NET 등으로 분류되고 각 부처의 산하기관에서 담당하고 있다.

과거에는 각 부처마다 별도의 인증체계로 혼란을 주었으나 최근에는 모든 부처의 통합 지침이 발효되어 모두가 동일한 절차에 의해 진행되고 있다.

NET 인증을 받기 위해서는 정립된 이론을 바탕으로 정량적 평가지표를 확보한 개발완료기술로서 향후 2년 이내에 상용화가 가능한 기술, 향후 기존 제품의 성능을 현저히 개선시킬 수 있는 기술 등에 해당되어야 하며, 인증 신청기술이 적용된 제품이 공고일 기준 이미 판매되어 매출이 발생한 경우에는 대상에서 제외된다.

NET 인증에 대한 더 자세한 정보는 신기술인증 사이트(www. netmark.or.kr)를 참고해보자.

NEP와 NET 혜택

① 공공기관 20% 의무구매 (산업기술혁신촉진법, 산업통상자원부)
② 우수제품 등록 시 가점 (조달청)
③ 공공기관 우선구매 대상 (중소기업청)
④ 산업기술혁신촉진법에 따라 산업기반자금 융자사업자 선정 시 우대
⑤ 기술우대보증제도 지원대상 (기술심사 면제)
⑥ 혁신형 중소기업 기술금융지원 (국민은행, 기업은행, 산업은행, 우리은행)
⑦ 중소기업기술혁신개발사업에 가점 (중소기업청)
⑧ 자본재공제조합의 입찰보증, 계약보증, 차약보증, 지급보증, 하자보증 우대 지원

chapter 03

비용을 인정받으려면
적격증빙을 잘 챙기자

사업이 안정화되어 가던 김대박은 최근 아는 지인이 세무조사를 받았다는 소식을 들었다. '우리 사업장도 언젠가는 세무조사를 받게 될 것 같은데 이때 어떻게 대처를 해야 할지 모르겠다'는 걱정이 들었다.

사업을 하게 되면 매출이 발생한다. 동시에 관련된 비용도 발생한다. 매출의 경우 국세청에서 알 수 있는 신용카드 매출, 현금영수증 매출, 세금계산서 매출에서 국세청에서 알 수 없지만 매출발생 시 신고해야 하는 기타 매출(현금영수증 발행하지 않은 현금매출 포함)까지 성실하게 신고를 한다. 매출의 경우 모두 신고해야 되는데 비용의 경우 내가 사용한 비용을 모두 인정받을 수 있을까?

정답은 비용으로 인정받을 수 있는 요건을 갖추어야 인정받을 수 있다는 것이다. 세법에서는 적격증빙이라는 규정을 만들어 세무 신고 시 비용으로 인정을 받으려면 적격증빙을 수취하도록 요구하고 있다.

적격증빙이란?

적격증빙이란 일정금액(일반 비용은 3만 원, 접대비는 1만 원)을 초과하는 지출에 대해서 비용으로 인정받으려면 세법에서 정해놓은 양식을 갖추어야 한다는 점이다. 그 양식으로는 세금계산서, 계산서, 현금영수증, 신용카드전표 및 급여 신고 시 제출된 지급명세서를 뜻한다.

적격증빙 예외 규정

적격증빙을 수취하지 않아도 되는 예외는 건당 3만 원 이하의 간이영수증, 건당 20만 원 이하의 경조사비 내역, 철도 또는 항공, 택시 운송용역을 제공받을 경우, 전기나 통신 및 방송용역을 제공받을 경우의 영수증이다. 예외적으로 경비 등 송금명세서 또는 영수증 수취명세서를 제출할 때 적격증빙이 없이 인정해주는 경우가 있다. 예를 들면 임대인이 간이과세자에 해당되어 세금계산서를 받지 못할 경우이고, 인정받기 위해 계약서 보관하고 통장 거래를 해야 한다. 공인중개사무소에서 중개수수료를 지불하고 영수증을 받아도 비용으로 인정받을 수 있다. 단 적격증빙을 수취하지 못했다면 소득세 경비로 인정받을 수 있지만 예외 규정을 제외하고 2%의 적격증빙불비가산세가 붙는다.

적격증빙의 종류

적격증빙의 종류는 세금계산서, 계산서, 신용카드, 현금영수증으로 나누어진다.

세금계산서, 계산서

세금계산서란 재화 또는 용역을 공급하고, 이에 대해 부가가치세를 포함하여 거래하였다는 사실을 확인하는 문서로 공급자, 공급받는 자, 상호 및 사업장 주소, 거래일자, 공급가액 및 세액 등이 표시된다. 계산서는 면세사업자에게 받은 서식으로 부가가치세 신고 시 필요하므로 챙겨두어야 한다. 수취 시 유의해야 할 점은 거래시기이다. 거래한 시기에 맞게 수취해야 하며 과세기간 이후에 수취하면 발행자는 가산세가 부과되고 매입자는 매입세액공제를 받을 수 없는 불이익이 있다.

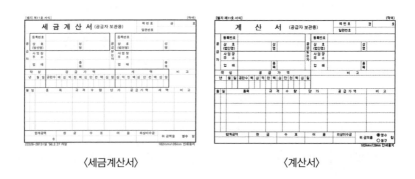

〈세금계산서〉 〈계산서〉

신용카드 전표 및 현금영수증

사업주가 본인 명의의 신용카드로 매입하는 경우 신용카드 매출전표는 적격증빙이 될 수 있다. 현금영수증은 사업자 지출증빙으로 발급받아야 매입세액공제가 가능하다. 단 신용카드, 현금영수증을 수취하더라도 상대방이 면세사업자이거나 간이사업자라면 매입세액공제는 받을 수 없다.

기타 지급명세서

급여의 경우 부가가치세에 반영이 되지 않고 종합소득세 신고 시비용으로 인정받는다. 급여는 신고한 만큼 비용으로 인정받을 수 있고 급여를 신고하는 종류가 많으므로 전문가와 상의가 필요하다.

적격증빙이 중요한 이유

같은 매출을 가진 사업장이라고 하더라도 적격증빙이 부족하면 부가가치세를 많이 납부하게 된다. 또한 소득세율 구간도 올라가 소득세 또한 많이 납부하게 된다. 혹 인정받을 수 없는 비용을 넣어 소득세를 적게 납부하는 꼼수를 쓴다면 적격증빙의 비율이 낮아져 납세자에게 소명 안내문을 보내므로 곤란한 일이 생길 수 있다. 적격증빙을 잘 갖추어 세무조사를 받거나 세금을 많이 내는 일을 사전에 줄여야 한다.

chapter 04

법인전환은 성실사업자가
되는 시점에

김대박은 개인사업자로 3년 정도 사업을 했다. 규모도 커지고 사업의
확장을 위해 법인전환를 고려하려고 한다. 법인으로 전환했을 때 어떤
이익이 있는지 궁금하다. 영업권도 계상하면 법인세를 안 낸다고 하는
데 어떤 절차가 있는지 알아보자.

성실사업자가 되면 법인전환으로

개인사업자의 법인전환 시 사업의 규모와 이익을 고려했을 때 성실
사업자가 되는 시점에 법인전환하는 것을 추천한다.

그 이유는 신규부터 법인을 하는 것도 좋지만 개인사업자가 3년 이
상 사업을 하면 영업권으로 감정을 받을 수 있으며 이는 법인전환 시

개인의 자산을 법인에 양도함과 동시에 가지급금에 대한 미래 문제도 함께 해결이 가능하기 때문이다. 가지급금이란 실제 현금의 지출은 있었지만 거래의 내용이 불분명하거나 거래가 완전히 종결되지 않아 계정과목이나 금액이 미확정인 경우에, 그 지출액에 대한 일시적인 채권을 표시하는 과목이다. 즉 현금의 지출은 있었으나 그 사용내역과 금액이 불명확한 것을 뜻한다.

개인사업자와 법인사업자의 세무 차이

세무적으로 개인사업자와 법인사업자는 납부하는 세율과 신고의 시기도 다르며 대표자의 급여와 퇴직금을 비용처리할 수 있다는 부분이 서로 다르다.

구분	개인사업자	법인사업자
납부세금	소득세 중 사업소득세	법인세
세율	6~38%	10~22%
사업주 보수	경비처리 안 됨	경비처리 됨
사업주 퇴직금	지급할 수 없음	지급할 수 있음
잉여금	자유롭게 사용	주주에게 배당금 지급 후 사용
이중과세	사업소득세만 납부	법인세와 배당소득세 이중 과세
건강보험료	지역가입자로 납부	직장가입자로 납부

만약 개인사업자가 법인으로 전환한다면 일반 사업양수도, 현물 출자로 구분할 수 있다.

- 부동산이 없는 경우 : 부동산 등이 없다면 일반 사업양수도가 간편하고 좋다.

-부동산이 있는 경우 : 세제 감면을 적용받기 위해 현물출자를 통한 법인전환이 유리하다.

이때 법인전환 시 기존 개인사업자의 순자산가액보다 신규 법인의 자본금이 높아야 세제 감면 혜택을 받을 수 있다. 부동산이 없고 안정적으로 했다면 영업권을 평가받아 법인에 양도하는 방식으로 절세를 할 수 있다. 개인사업자의 가결산을 한 후 영업권에 대한 가치를 감정평가받은 후 개인이 법인에게 영업권을 양도하는 방식을 취하면 가능하다. 개인은 기타소득으로 향후 소득세 신고를 하여야 하며 법인은 영업권을 자산으로 잡아 감가상각이 가능하다. 다음은 개인사업자와 법인사업자의 세금 비교 예이다.

단위(원)	개인사업자	법인사업자
차감 전 이익	100,000,000	100,000,000
대표급여		60,000,000
차감 후 이익		40,000,000
소득세	20,030,000	4,246,920
법인세		4,000,000
지방세	2,003,000	400,000
건강보험료	6,120,000	3,672,000
부담총액	28,153,000	12,318,920
추후배당		5,600,000
배당 고려 총액		17,918,920

chapter 05

이것만 지켜도
세금을 줄일 수 있다

김대박 대표는 운영 상식을 몰라 부가세와 소득세를 많이 내었다. 미리 알았더라면 좋았을 상식은 어떤 것들이 있었을까? 사업자들이 사업에 집중하더라도 꼭 알아야 할 세금과 관련된 이슈에 대해서 알아보자. 몇 가지만 지켜도 내야 할 세금이 100만 원 이상 줄어들 수 있다.

1. 사업용 계좌를 만들자

사업자등록을 하고 나면 사업용 계좌를 주거래은행에서 만들어야 한다. 복식부기의무자의 경우 사업용 계좌를 사용하지 아니한 때에는 사업용 계좌를 사용하지 아니한 금액의 0.2%의 가산세를 부과하게 된다. 그보다도 가사용으로 사용하는 것과 사업용으로 사용하는 것을 구분하여 관리하는 것이 좋다. 사업용 계좌를 만들 때 받는 공인인증서는 개인용과 다르며 이 공인인증서로 국세청 홈택스(www.hometax.go.kr)에 사업자로 회원가입을 할 수 있다.

2. 사업용 신용카드를 사용하자

사업용 신용카드란 사업과 관련되어 사용되는 신용카드란 뜻이다. 개인사업자의 경우 사업용 카드를 만들 수도 있고 사업주 본인 명의의 기존 사용 카드를 홈택스에 등록할 수 있다. 사업용 신용카드는 국세청 홈택스에 접속해 공인인증서로 로그인한 후 사업용 신용카드 메뉴에서 등록하면 된다. 법인의 경우 법인용 신용카드는 자동으로 국세청 홈택스에 등록이 된다. 사업용 신용카드는 개인사업자 본인 명의로 된 것만 가능하고, 최대 20개까지 등록을 할 수 있다. 사용내역의 조회는 개인의 경우 6개월마다, 법인의 경우 3개월마다 국세청 홈택스에서 조회가 가능하다.

사업용 신용카드는 일일이 증빙을 받지 않아도 되고, 따로 보관해야 하는 의무가 없어 편리하다. 또한 부가가치세 신고 때 홈택스에서 일괄조회가 되므로 누락될 확률이 줄어들고 금액도 정확하게 계산할 수 있다.

사업용 신용카드를 사용하면 절세가 될까? 정답은 절세가 된다. 우선, 신용카드 매입세액 공제를 받을 수 있다. 업무에 대해 사용한 부분에 대해서는 공제가 되기 때문이다. 사업용으로 자산 또는 비품을 구입할 때 매입세금계산서와 같은 역할을 하여 부가가치세를 공제받을 수 있다. 쉽게 말해 110만 원짜리 노트북을 신용카드로 구입할 때 10만 원의 부가세 절약 효과가 발생하게 되는 것이다.

그 다음으로, 적격증빙의 비율이 올라간다. 사업용 신용카드를 사용한 후 부가가치세 신고를 할 때 반영하게 되면 적격증빙의 비율이 올라가므로 세무조사의 위험이 줄어들 수 있다. 일반전표(단순 비용인정 효과)에 입력하여 비용으로 인정받는다면 추후 적격 비율에서 일반영수증은 빠지게 되기 때문이다. 또한 면세사업자에게서 구입한 부분도 면세로 비용을 인정받을 수 있으므로 부가가치세 신고서를 넣어주면 적격증빙으로 인정받을 수가 있다.

3. 인테리어 비용을 인정받자

처음 창업을 할 때 들어가는 인테리어 비용을 간혹 세금계산서를 수취하지 않고 현금으로 내면 깎아준다고 하는 사업자가 있다. 이는 경비로 인정받지 못해 추후에 세금을 많이 낼 소지도 있으므로 받는 것이 좋다. 혹 세금계산서를 받지 못한다 하더라도 계좌이체 내역과 계약서 등의 서류로 인정받을 수도 있으나 적격증빙가산세를 부담해야 한다. 인테리어 등의 시설 장치는 감가상각의 방법을 통해 몇 년간 비용으로 인정받을 수 있으니 꼭 챙기자.

세무서에서는 모든 비용을 적격하다고 인정해주지는 않는다. 가령 사업을 시작할 때 인테리어 공사로 약 5천만 원의 비용이 들어갔다고 하자. 매입세금계산서를 받지 않았을 때, 앞에 제시한 것처럼 필요 서류를 준비하지 않는다면 경비로 인정받기가 어렵다.

4. 부가세와 종합소득세 신고는 미리미리 준비하자

부가세 신고가 임박해서 서류를 준비하게 된다면 꼭 필요한 경비나 세금계산서를 간혹 빠뜨려서 비용으로 인정받지 못하는 경우가 생긴다. 세금계산서와 계산서를 매달 미리미리 챙기고 빠진 내역이 없는지 확인해야 한다. 이는 매출과 매입을 일관성 있게 관리할 수 있고 누락된 서류를 챙길 수 있으며 신용카드매입공제도 받을 수 있다.

종합소득세 신고의 경우 신고기한은 5월 말(성실신고의무자는 6월)까지지만 미리미리 서류를 챙긴다면 비용을 빠짐없이 공제받을 수 있다. 부가가치세 신고 때 공제받은 항목이 전화요금, 전기료, 임치료, 인터넷 사용료, 신용카드로 구입한 소모품비 등이고, 부가가치세 신고 때 공제받지 못했던 비용으로는 건강보험료 납부내역, 화재 또는 자동차 보험료, 이자납입내역, 접대비로 사용했던 신용카드 내역 등이다.

5. 인건비 지급을 합리적으로 하자

개인사업자의 경우 노무와 관련된 문의가 많이 생긴다. 근로자의 종류에 따라 내가 부담하는 세금이 달라진다.

첫째, 계속적으로 고용하는 정직원인 경우 근로자로 고용 시 근로계약서를 작성하고 만 1년 이상 근무한 후 퇴사할 경우에는 퇴직금을 지급해야 한다. 정직원의 경우 4대 보험을 가입해야 한다. 4대 보험이란 국민연금, 건강보험, 고용보험, 산재보험으로 모두 합하면 약 17~18%의 세금이다. 국민연금이 9%, 건강보험이 6.12%(장기요양은 건강보험료의 6.55%)이다. 고용보험과 산재보험은 각각 1.55%, 0.7%로 업종마다 조금씩 다르다. 예를 들어 내가 직원에게 매달 500만 원의 급여를 지급한다면 다음 달 4대 보험료의 고지서에는 대표자 부분을 제외하더라고도 약 90만 원이 찍혀 있을 것이며, 이를 납부해야 하는 것이다.

비과세 근로소득인 식대와 자가운전보조비의 경우 각각 10만 원, 20만 원까지 세금의 부담이 없다. 또한 신규직원의 경우 월 140만 원 미만으로 급여를 신고할 경우 국민연금과 고용보험을 60%(기존 입사자의 경우 40%) 공제해주는 두리누리사회보험료를 지원받는 것도 방법이다.

둘째, 일용직, 흔히 말하는 아르바이트의 경우 월 60시간 또는 월 8일 이상 초과하여 근무하면 4대 보험에 가입해야 한다. 흔히 아르바이트라고 하는 임시직의 경우 고용보험과 산재보험만 가입하면 되므로 약 3%가 안 되는 요율이다. 다만 한 달에 60시간 이하로 근무해야 한다. 예를 들어 내가 직원에게 그달에 500만 원의 급여를 지급한다면 다음 달 고용, 산재보험료가 15만 원이 안 되는 고지서를 받고 납부해야 하는 것이다. 3개월 이상 근무할 경우 4대 보험에 가입해야 한다.

셋째, 일정부분의 성과급만으로 고용하는 프리랜서의 경우가 있다. 매출액이나 일정 성과에 따라 고용하는 프리랜서는 사업소득자로 구분하여 신고할 수 있다. 고용, 산재는 가입 안 해도 되며 3.3%의 원천징수만 신고하면 종결된다. 예를 들어 내가 사업소득자에게 그달에 500만 원의 급여를 지급한다면 4대 보험료는 없고 원천징수 16.5만 원을 납부하면 되는 것이다.

6. 미리 준비해 가산세를 피하자

사업을 하다 보면 신고를 못하거나 납부를 못해 가산세를 내는 경우가 있다. 가산세는 세법에 규정하는 의무의 성실한 이행을 확보하기 위하여 그 세법에 의하여 산출한 세액에 가산하여 징수하는 금액의 벌과금이다. 가산세의 종류는 작은 요율부터 2%의 요율까지 차이가 나며 그 항목도 세금계산서 관련 가산세, 매출-매입처별 합계표 가산세까지 종류가 다양하므로 세무사와 상의하여 진행하면 좋겠다. 납세자는 납부기한까지 납부하고 각종 신고를 기한 내 신고를 하는 것만으로도 세금을 줄일 수가 있다.

chapter 06

사업장 매매·임대 시
세금을 절약하는 방법

사업을 하려면 상가든 사무실이든 공장이든 부동산이 필요하다. 여기저기 발품을 팔아 좋은 장소를 구했다면 매매나 임대차를 진행할 텐데 이때 세금을 절약할 수 있는 방법에는 어떤 것이 있는지 알아보자.

부동산을 구입할 경우

상가를 직접 구입하여 매매계약서를 작성하고 경영하는 경우 유용한 팁을 알아보자.

첫째, 상가를 직접 분양받는다면 배우자 명의로 구입하는 것이 좋다. 그 이유는 소득이 분산되어 종합소득세 신고 때 누진과세를 피할 수 있기 때문이다. 만약 배우자가 수입이 없다면 6억 원까지는 세금

없이 증여세 신고만 하면 되므로 증여를 통해 구입자금을 마련해주면 좋다. 대출을 일정 부분 받아 10억 원의 부동산을 구입한다면 6억 원은 증여를 통해 4억 원은 대출을 통해 자금출저를 마련하는 것도 방법이다. 물론 대출 4억 원은 임대료 수입을 통해 대출금을 갚고 이자 비용은 경비로도 인정받을 수 있다.

둘째, 신규분양이 아닌 오피스를 구입할 때에는 부동산매매계약서 작성 시 토지와 건물의 가격을 각각 나누어서 작성하는 것이 좋다. 이는 토지의 경우 면세이고, 건물의 경우 과세이기 때문에 부가가치세 신고 시 건물분에 대한 부가세를 환급받을 수 있기 때문이다. 또한 감가상각을 할 때 건물분에 대해서 감가상각으로 비용처리를 하므로 계약 시 구분하여 기재하는 것이 바람직하다.

셋째, 시세대로 부동산매매계약서를 작성해야 한다. 혹 좋은 매물이라면서 다운계약서를 요구할 경우 낮게 쓰는 만큼 나중에 부동산을 양도할 때 양도소득세를 많이 내야 하는 경우가 발생한다. 매매계약서를 낮게 쓴다면 감가상각할 비용도 내려가므로 주의하면 좋다.

부동산을 임대할 경우

임대차계약서를 작성하여 월세를 내고 경영하는 경우 유용한 팁을 알아보자.

첫째, 해당 점포의 법률 관계를 확인한다.

해당 물건지의 등기부등본, 건축물 대장, 토지 대장, 도시개발 확인원을 통해 혹 다른 세대원이 전입은 했는지, 개발예정이 있는지 해당

계약하는 곳이 등기에도 명시되어 있는지 여부를 확인해야 한다.

둘째, 상가임대차보호법이 적용되는 범위 안에 있다면 해당 세무서에 가서 확정일자를 받자.

이는 5년 동안 임차인을 보호하는 최소한의 장치다. 상가임대차보호법은 서울은 4억 원 이하, 과밀억제권역은 3억 원 이하, 광역시는 2억 4천만 원 이하, 그 밖의 지역은 1억 8천만 원 이하까지 보호받는다. 금액의 계산은 월세의 100배와 보증금의 합이다. 예를 들어 서울에서 보증금 2천만 원에 월세 200만 원이라면 보증금 환산액이 2억 2천만 원으로 4억 원 이하라서 적용받을 수 있다.

셋째, 시세대로 임대차계약서를 작성해야 한다.

낮은 가격에 작성한다면 매입세금계산서도 낮은 가격에 발급받을 것이다. 이로 인한 파생효과는 부가가치세 신고 시 매입세액공제를 그만큼 못 받고, 종합소득세 신고 시 비용이 작아서 소득율이 올라가고 세금을 많이 내게 된다.

chapter 07

회계감사,
어떻게 진행할까?

김대박 대표는 매우 근면성실한 창업주로 열심히 일한 덕분에 사업이
날로 확장되어 매출이 100억 원을 넘어가는 건실한 기업의 대표가 되
었다. 그런데 김대박 대표는 자신의 회사의 결산을 맡고 있는 세무사로
부터 회사의 규모가 커져서 감사를 맡겨야 할지도 모른다는 얘기를 듣
게 되었다. 그는 결산을 단순히 세무사에게 맡는 수준에서 외부로부터
감사라는 절차에 맡겨야 한다는 것이 부담스러웠다. 김대박 대표는 회
계사로부터 외부감사에 대한 전반적인 설명을 듣기로 하였다. 과연 외
부감사란 어떤 것이며, 김대박의 회사는 외부감사를 받아야 하는 것일
까? 만약 받아야 한다면 외부감사인 선임절차 및 선임 시 고려할 요소
는 어떻게 될까?

감사받아야 하는 회사의 조건

회사의 규모가 커짐에 따라 이해관계자가 많아지고 사회적으로 미치는 영향이 커지므로 정보의 비대칭성을 해소하고 공공의 이익을 증진하기 위해 감사를 받도록 되어 있다. 이에 따라 '주식회사의외부감사에관한법률'에 의해 아래에 해당하는 주식회사는 감사인(회계법인, 감사반)에 의해 회계감사를 받아야 한다.

외부감사 대상 법인

1. 직전 사업연도 말의 자산총액이 120억 원 이상인 주식회사

그 주식회사가 분할하거나 다른 회사와 합병하여 새로운 회사를 설립한 경우에는 설립 시의 자산총액이 120억 원 이상인 주식회사를 말한다.

2. 주권상장법인과 해당 사업연도 또는 다음 사업연도 중에 주권상장법인이 되려는 주식회사

주권상장법인과 합병이나 주식의 포괄적 교환 등 증권선물위원회가 정하는 방법을 통하여 주권상장법인이 되려고 하거나 해당 주식회사의 주권이 상장되는 효과가 있게 하려는 경우의 해당 주식회사를 포함한다.

3. 직전 사업연도 말의 부채총액이 70억 원 이상이고 자산총액이 70억 원 이상인 주식회사

그 주식회사가 분할하거나 다른 회사와 합병하여 새로운 회사를 설립한 경우에는 설립 시의 부채총액이 70억 원 이상이고 자산총액이 70억 원 이상인 주식회사를 말한다.

4. 직전 사업연도 말의 종업원(근로기준법 제2조제1항제1호에 따른 근로자 중 아래의 어느 하나에 해당하는 사람을 제외) 수가 300인 이상이고 자산총액이 70억 원 이상인 주식회사
  그 주식회사가 분할하거나 다른 회사와 합병하여 새로운 회사를 설립한 경우에는 설립 시의 종업원 수가 300인 이상이고 자산총액이 70억 원 이상인 주식회사를 말한다.
  - 일용근로자
  - 3개월 이내의 기간을 정하여 근로하는 사람
  - 파견근로자보호 등에 관한 법률 제2조 제5호에 따른 파견근로자

외부감사인 선임절차
외부감사를 받아야 할 경우 회사는 외부감사인을 선임하여야 한다. 외부감사인 선임절차는 다음과 같다.
  당해 사업연도 개시 후 4월 이내에 회사는 감사 또는 감사인선임위원회의 승인을 얻어 감사인을 선임하고 그 사실을 당해 사업연도에 최초로 소집되는 정기총회에 보고하거나 홈페이지 게시 등의 방법으로 주주들에게 통지·공고함과 동시에 감사계약체결로부터 2주 이내 감사인 선임사실을 금융감독원으로 법정서류를 구비, 서면 또는 전자

서류(외부감사인 선임보고 시스템)로 보고하여야 한다.

상장법인과 비상장법인별로 구분하여 감사인 선임절차를 비교하면 다음과 같다.

구분	상장법인	비상장법인
선임절차	① 감사인선임위원회 승인 ② 정기총회에 보고 • 정기총회 이후 감사인이 선임된 경우 → 서면통지, 회사 인터넷 홈페이지 공고 등의 방법으로 보고	① 감사인선임위원회 승인 또는 내부감사 승인 ② 정기총회에 보고 • 정기총회 이후 감사인이 선임된 경우 → 서면통지, 회사 인터넷 홈페이지 공고 등의 방법으로 보고 [주의] 직전 연도 자산 1천억 원 이상인 회사 중 대표이사의 소유주식 합계가 발행주식총수의 50% 이상인 경우 → 반드시 감사인선임위원회 승인 필요(미이행 시 감사인 지정사유에 해당)
선임기한	사업연도 개시일로부터 4개월 이내	
계약기간	3년	1년
보고기한	계약체결일로부터 14일 이내	
보고처	증권선물위원회(금융감독원 회계제도실)	
보고방법	감사인선임보고시스템(filer.fss.or.kr)에 의한 전자보고 또는 등기우편 발송	

제출서류	• 공문 • 외부감사계약서 사본 • 감사인선임위원회 의사록 사본 • 법인등기부등본 • 감사인 교체사유서 및 전기감사인 의견진술내용(감사인이 변경된 경우 제출) • 전기감사인의 감사인 변경동의서(전기 감사의견이 적정이 아니며 당기에 감사인을 변경한 경우 제출) [주의] 감사인 변경동의서 미제출 시 → 감사인 부당교체에 해당되어 감사인 지정	• 공문 • 외부감사계약서 사본 • 감사인선임위원회 의사록 사본 또는 감사의 승인서 원본 • 법인등기부등본 • 감사인 교체사유서 및 전기감사인 의견진술내용(감사인이 변경된 경우 제출) • 전기감사인의 감사인 변경동의서(전기 감사의견이 적정이 아니며 당기에 감사인을 변경한 경우 제출) [주의] 감사인 변경동의서 미제출 시 → 감사인 부당교체에 해당되어 감사인 지정

외부감사인 미선임회사 등에 대한 처리절차

감사인 선임기한 내 미선임회사, 감사인 선임절차 위반 회사, 감사인 선임보고 누락회사 등에 대해서는 위반행위에 따라 감사인 지정 등의 행정조치와 검찰고발을 통한 벌금, 징역 등의 형사조치가 이뤄질 수 있다.

외부감사인 선임 시 고려할 요소

기업 입장에서 감사계약 체결 시 가장 중요한 고려요소는 감사보수일 것이다. 회계감사 보수는 감사인과 피감사회사 쌍방이 협의하여 자율적으로 결정하되 지나치게 저가로 감사계약을 체결할 경우 부실감사의 위험이 있으며, 유관기관으로부터 집중적으로 감리를 받을 수 있다.

외부회계 감사를 위한 감사인 선임 시 해당 감사인의 회계자문 외에도 세무자문 및 세무조사 대응능력 등도 고려하여야 할 것이다. 특히나 실무에서 감사업무를 특정회계법인에 맡겨 진행하는 도중 세무자문, 세무조사, 부당한 과세처분에 대한 대응(불복)업무에 대한 전문성이 떨어져 또 다른 회계(세무)법인에게 세무업무를 위임하여 처리하는 사례가 자주 발생하곤 한다. 이러한 상황은 회사 입장에서 크나큰 경제적 손실이며, 보안이 유지되어야 할 회사의 중요한 정보나 비밀 등이 외부에 노출되어 생각지 못한 2차 피해도 발생할 수 있다.

감사인 선임 시 단순 감사비용만을 고려할 것이 아니라 해당 감사인이 우리 회사를 위해 회계, 세무, 경영이슈 전반에 대한 솔루션을 제공할 능력(자문능력)이 있는지 여부도 반드시 확인하여야 한다.

회사는 단순히 감사인 선임으로 외부감사에 대한 대응이 끝난 게 아니다. 감사인을 선임하여 외부감사를 받기 시작하면 선임된 회계법인과 감사 일정을 조율해야 하고 감사절차에 따라 감사인의 요구사항에 대해 회계팀을 중심으로 충분하게 대응하여 적절한 감사가 이뤄지도록 하는 것이 중요하다.

chapter 08

직원의 임금을
합리적으로 설계하자

김대박 대표의 회사는 신입직원의 월급을 150만 원으로 고정하고, 만 1년이 지나야 업무능력에 따라 월급을 인상하는 구조다. 김 대표는 2018년 최저임금이 2017년에 비해 16.4% 인상된다는 뉴스를 듣고 근로시간과 임금이 어떻게 계산되는지 잘 몰라 내년도 임금 인상의 폭을 어떻게 정해야 하는지 고민이 되었다.

보통 근로자의 임금을 결정할 때는 같은 업계의 다른 사업장의 수준을 고려하여 월급 총액을 12개월로 곱하여 연봉으로 확정하는 방식을 많이 취한다. 그러나 이때 사업주가 놓치기 쉬운 부분은 임금을 근로시간으로 나누었을 때 나오는 시급에 대해서는 관심을 가지지 않는다는 것이다. 그러나 최저임금 1만 원 시대가 얼마 남지 않은 현재 효과적인 인건비 지출 계획을 수립하기 위해서는 반드시 시급을 산출하여 시급을 기준으로 하는 수당 추계액을 산출하여야만 한다. 그래야 인건비의 과다 지출을 예방할 수 있다.

임금의 핵심은 시급 계산에 있다

시급을 계산할 때 첫 번째 문의사항은 통상임금과 평균임금에 대한 개념이다. 통상임금은 '근로자에게 정기적이고 일률적으로 소정근로 또는 총 근로에 대해 지급하기로 정한 시간급금액, 일급금액, 주급금액, 월급금액 또는 도급금액(근로기준법 시행령 제6조 제1항)'이다.

이에 반해 평균임금이란 산정하여야 할 사유가 발생한 날 이전의 3개월 동안 그 근로자에게 지급된 '임금'의 총액을 그 기간의 총 일수로 나눈 금액(근로기준법 제2조 제1항 제6호)이다.

글자만 보면 통상임금과 평균임금을 구별하기는 전문가가 아닌 이상은 쉽지 않다. 단순하게 생각하면 통상임금은 시급을 산정할 때 기준이 되는 임금(보통 임금대장에 '기본급'의 항목에 있는 금액)이고, 평균임금은 평상시대로 근무하였을 때 회사로부터 지급받은 임금(순수 복리후생이나 일시적으로 발생하는 성과급을 제외한 월 임금 총액)이라고 생각하면 된다. 사실 이렇게 두 가지 임금을 나누어 설명하여도 학자들 사이에서조차 양자의 개념 정의가 다양하게 논의되어 명확하게 정의 내리는 데는 한계가 있다. 그러나 다음 표에서 제시하는 통상임금과 평균임금이 적용되는 수당들은 반드시 구분해야 불명확하게 인건비를 산출하여 문제되는 경우를 예방할 수 있다.

통상임금	평균임금
-해고예고수당 -연장·휴일·야간근로가산수당	-퇴직금 -각종 재해보상금 -감급 제한액
휴업수당(평균임금의 70%가 통상임금을 초과하는 경우 통상임금으로 지급) 연차유급휴가수당(명확히 법에 어떤 임금으로 지급하라고 나와 있지 않기 때문에 통상임금 또는 평균임금을 선택하여 지급할 수 있으나 보통은 통상임금을 기준으로 지급한다.)	

대다수의 사업장은 임금을 설계할 때 월급의 액수를 먼저 정한 뒤 1개월의 총 근로시간을 나누어 시급을 구하는 방식을 선택한다. 따라서 이 과정을 통해 비로소 시급이 나오고 이때 계산된 시급이 최저임금에 위배되는지를 진단한다.

가산수당을 반드시 고려하자

시급을 산정할 때 고려해야 할 요소는 법정근로시간, 시간 외·휴일·야간근로시간, 주휴일의 시간수다. 법정근로시간은 1일 8시간, 1주 40시간으로 이 시간은 그대로 근로한 시간 대비 시급을 곱해서 지급하면 된다. 시간 외·휴일·야간근로시간은 매월 해당 근무를 한 시간수를 산정하여 원래 지급하여야 할 시급에 0.5배를 가산하여 지급하여야 한다. 이때 시간 외·휴일·야간근로시간이 중복될 경우 각각 중복하여 가산하여야 한다.

예를 들어 시간 외·휴일·야간근로시간이 모두 중복될 경우 중복된 시간수×시급×(0.5+0.5+0.5)로 하여 최종 수당을 산정하여야 한다. 또한 1주일 만근하였을 때 지급하는 주휴수당은 주 40시간 이상 근무하는 근로자의 경우 임금을 계산할 때 최대 8시간으로 환산하고, 만일 주 40시간 미만일 경우 근무한 시간에 비례하여 시간수를 환산한다. 그리고 1일 근로시간은 1일 총 근로시간에서 휴게시간을 공제한 나머지 시간이다.

임금을 산정할 때 첫 단계는 예상 월 급여 총액에서 산출한 시급이 그해 최저임금에 미달되는지를 우선적으로 확인해야 한다. 만일 최저임금에 미달한다면 근로자의 임금을 인상시켜 최저임금에 맞추거나 근로시간을 줄임으로써 최저임금 위반을 피하는 방향으로 설계하여야 한다.

시급 계산 예시

근로조건

월급 150만 원, 주 5일 근무, 오전 9시부터 오후 7시까지 근무(휴게시간 : 12시-13시)

시급 계산

-1일 총 근로시간 수

=법정근로시간 : 8시간

=시간외근로시간수 : 일 1시간

-1주 총 근로시간수

=법정근로시간 : 1일 8시간×5일=40시간

=시간 외 근로시간수 : 1일 1시간×1시간×1.5배 가산=7.5

=주휴수당 시간수 : 8시간

-1개월 총 근로시간수

-기본근로시간수 : (법정근로시간 40시간+주휴수당 시간수 8시간)×(365일÷12개월÷7일)≒209시간

=시간 외 근로시간수 : 1주 7.5시간×(365일÷12개월÷7일)≒32.5시간

-시급 계산

월급총액 150만 원÷(209시간+32.5시간)≒6,211원(이 금액은 2018년 최저임금 7,530원에 미달함)

이 경우 현재 최저임금에 미달하기 때문에 임금을 올리거나 근로시간을 줄이는 방향으로 설계하여야 할 필요성이 있다.

1주 추가근로는 12시간이 한도

이제는 1주 추가근로는 12시간으로 확정되었다(상시 5인 이상 사업장 적용). 2018년 2월 말 이전 행정해석에서 제시하는 1주 최대 근로

시간 허용 한도는 '법정근로시간 40시간+시간 외(연장)근로 12시간+ 휴일근로(예를 들어 토요일)8시간+휴일근로(예를 들어 일요일)8시간 =68시간'이었다. 그러나 2018년 2월 근로기준법 개정 법안에서는 다음과 같이 근로시간에 대해 명확히 제시하였다.

1주 7일 기준 새로운 근로시간 계산 방법

① 1주=7일 의미
② 법정 근로시간(40시간) 이외 최대 추가 근로시간=12시간(시간 외 근로)
   단, 12시간의 시간 외 근로 중 일부 근로가 휴일근로와 중복될 경우 최초 8시간은 시급의 50%만을 가산하고, 8시간을 초과한 휴일근로의 경우만 중복할증하여 시급의 100%를 가산한다.
③ 시행시기=상시 근로자수 별로 구분
   - 300인 이상 사업장 : 2018년 7월 1일부터 시행
   - 50인 이상 299인 이하 사업장 : 2020년 1월 1일부터 시행
   - 5인 이상 49인 이하 사업장 : 2021년 7월 1일부터 시행

chapter 09

아르바이트 임금과
관리는 이렇게

의류제조 및 판매를 하는 김대박 대표는 주말과 같이 손님이 몰리는 기간에만 아르바이트 형식으로 아는 동생에게 도와달라고 부탁하였다. 아는 동생은 일당 8만 원으로 계산하여 김대박의 매장에서 1년 2개월가량 근무하였다. 어느 날 아는 동생은 김대박에게 주휴수당과 퇴직금을 청구하였다.

흔히 사업장에서는 4대 보험에 가입한 근로자 외에 필요에 의해 일시적으로 사용하는 근로자들을 일명 '알바'라고 부른다. 항상 사업장에 있는 근로자들의 근로관계도 복잡한데 가끔 스쳐 지나가는 일용직의 근로관계까지 사업주가 관심을 갖는 데는 무리가 있다.

그러나 계속 근무하는 알바 형식의 근로자가 익숙해서 사업주는 계속 근로를 요청하는 경우 자칫 일반 근로자와 동일하게 취급되어 법정수당(시간 외 근로수당, 휴일근로수당, 야간근로수당), 주휴수당, 연차유급휴가, 퇴직금 등이 발생하게 된다. 만약 각 수당들을 청구할 수 있는 소멸시효가 남아있다면 언제든지 예상치 못한 법적 분쟁에 사업주는 휘말릴 수 있다.

이러한 사업주들의 고민을 반영하여 1주 평균 15시간 미만 근무하는 근로자의 경우 아래와 같이 일부 적용 제외되는 규정이 있다.

1주 평균 15시간 미만 근로자의 적용 제외 규정

① 주휴일
② 연차유급휴가
③ 퇴직금
④ 고용보험, 국민연금 및 건강보험 적용제외자, 단 생업을 목적으로 3개월 이상 사업장에서 계속 근무하면 일반 근로자와 마찬가지로 가입하여야 함.

위의 규정 외에는 일용직이라 하더라도 원칙적으로 노동관계법령이 적용된다. 예를 들어 일용직 역시 1시간을 근무한다 하더라도 원칙적으로 근로계약서를 사업주와 반드시 작성해야 한다. 일용직과 관련하여 임금 관련 문제는 미지급 임금을 지급하면 사업주가 형사처벌을 면할 가능성이 높다. 그러나 근로계약서 미작성은 현재 미작성한 근로자가 사업장에 존재하지 않아 미작성 상태가 확정되기 때문에 형사처벌을 면할 가능성이 높지 않다. 이러한 점을 보더라도 일용직이 일

반 근로자에 비해 세심히 관리할 필요가 있다.

또한 일용직 근로자도 산재보험 가입 대상자이지만 일용직 근로자가 받는 임금이 많지 않고, 사업 기여도가 낮다는 점을 고려하여 근로자 또는 사업주의 요청에 의해 4대 보험 취득신고를 기피하는 경향이 있다. 그러나 일용직 근로자는 사업장 내 일반적인 근로자에 비해 업무가 숙달되지 아니한 경우가 많아 산재가 발생할 가능성이 높은 직군이다. 따라서 일용직 근로자라 하더라도 반드시 산재보험에는 가입을 시켜야 한다. 만일 일용직 근로자가 산재보험 미가입 상태에서 업무 중 다치는 경우 사업주가 산재 신청서에 서명을 하지 않는다 하더라도 근로자는 혼자 근로복지공단에 산재에 따른 치료비와 요양급여 등을 신청할 수 있다. 이때 근로복지공단에서 근로자가 최종적으로 업무상 재해로 인정받을 경우 근로복지공단은 산재 승인받은 근로자에게 지급한 보험금의 50%에 대해 사업주에게 구상권을 행사할 수 있다. 이에 사업주는 예상하지 못한 금전 손실을 입을 수 있다.

chapter 10

휴일과 휴가는 어떻게
구별해야 할까?

수영복 제조업을 하는 김대박 대표는 5월에 근로자의 날, 어린이날과
그 대체휴일 그리고 부처님 오신 날 등이 한꺼번에 몰려 있어 어떻게 쉬
어야 할지 고민이다. 공휴일과 평일이 징검다리처럼 중간중간 섞여 있
어서 자칫 5월 사업장 가동일수가 부족하여 여름철 수영복 제작에 차질
이 예상되기 때문이다. 김대박 대표는 어떻게 해야 가동일수에 지장받
지 않도록 공휴일 운영을 할 수 있을까?

근로자의 경우 법에서 정한 유급휴일인 주휴일과 근로자의 날 외에
는 원칙적으로 법정 휴일은 없다. 다만, 근로자의 근로의욕 고취와 근
로에 따른 피로감을 해소하기 위해 근로일에 쉴 수 있는 '연차유급휴

가제도'를 근로기준법에 규정하였다.

연차유급휴가

상시 근로자수 5인 이상 사업장은 만 1년 이상 근무한 근로자에게 는 반드시 15일 이상의 연차유급휴가를 부여해야 한다. 이때 연차유 급휴가를 부여받기 위해서는 직전 연도 출근율 80% 이상의 조건을 충족해야 한다. 연차유급휴가는 격년으로 1개씩 증가하고, 최대 25일 까지 부여할 수 있다.

근속연수가 만 1년 미만이거나 직전 연도 출근율이 80%를 충족하 지 못한 근로자의 경우 예전 구법에 있던 월차와 같이 1개월 만근 시 1개씩 연차유급휴가가 발생된다. 특히 2018년 5월 29일 현재 만 1년 미만인 근로자의 경우 계속 근로연한이 1년 미만일 경우 만 1년 미만 의 기간 동안 최대한 발생할 수 있는 연차유급휴가의 개수는 11개이 다. 따라서 만 1년 미만일 경우 연차유급휴가는 11개, 만 1년일 때에 는 연차유급휴가는 15개가 발생한다.

참고로 2018년 5월 28일 이전 적용되던 개정 전 근로기준법에서는 만 1년 미만 근로자가 1개월 만근 시 1개씩 부과하던 연차유급휴가는 단지 만 1년이 될 때 발생하는 15개의 연차유급휴가를 미리 앞당겨 사용하는 개념이었다. 따라서 이 당시는 만 1년 미만일 때 사용한 연 차유급휴가 개수를 만 1년일 때 발생하는 15개의 연차유급휴가에서 공제한 나머지 일수가 최종적으로 만 1년일 당시 발생하는 연차유급 휴가 개수로 확정되었다.

공휴일 근무엔 가산임금이 필요할까

많은 사업주와 근로자는 위의 연차유급휴가에 대한 개념들이 어느 정도 머리 속에 정립되어 있다. 그러나 연차유급휴가와 공휴일의 관계에 대해서는 제대로 확정되지 아니하여 항상 애매모호하게 운영되고 있다.

공휴일은 공무원과 일부 공공기관 근무자 등 관련법령에서 지정된 사람들만이 유급으로 쉴 수 있는 날이다. 따라서 민간 사업장에서는 공휴일이 주휴일이 아닌 이상 평범한 근무일이고, 이날 근로자가 근무하였다고 하여 사업주는 휴일근로수당과 같은 가산임금을 지급할 법적 의무는 없다.

공휴일이 일반 근무일인 이상 사업주가 근무일에 휴식을 취하기 위해서는 근로자에게 연차유급휴가만을 사용하도록 하고, 공휴일에 근로자로 하여금 계속 근무하도록 지시한다면 법적으로 문제될 것은 없다. 하지만 근로자들의 근무의욕은 매우 떨어질 것으로 예상된다.

공휴일과 연차휴가의 대체로 가동일수를 확보한다

공휴일과 연차유급휴가가 혼재하고 있는 한국의 사업장은 양자를 원만히 활용하여 근로자의 근로욕구를 고취시키면서 가동일수를 확보하는 게 관건이다. 당당히 공휴일에 근로자가 쉬면서 연차유급휴가를 어느 정도 사업장의 현황에 맞게 조절할 수 있는 방법으로는 공휴일과 연차유급휴가의 대체제도를 들 수 있다. 공휴일과 연차유급휴가를 대체하면 근로자와 사업주는 서로 쉬는 날에 대해 눈치를 보지 않으면서 사업장 가동일수를 확보할 수 있다.

다만 이때 공휴일과 연차유급휴가를 전부 대체할 경우 연간 공휴일 수가 15일을 초과하므로 근로자는 사업주가 허락하지 않는 한 전혀 휴가를 사용할 길이 없어 근로의욕이 떨어질 우려가 있다. 따라서 공휴일과 연차유급휴가일 중 일부(예를 들어 구정 3일과 추석 3일 정도)를 대체하고 나머지 공휴일과 잔여 연차유급휴가일수는 사업장의 가동 현황에 맞게 사용할 수 있도록 대체하는 방법이 있다. 또한 연차유급 휴가와 대체할 공휴일이 없는 사업장(예를 들어 공휴일에 매출이 많이 나는 식당 등 서비스 업종)은 연간 발생하는 연차유급휴가에 대한 미사용 수당 총액을 12개월로 나누어 매월 월급과 함께 연차휴가 미사용 수당을 지급하여 연차유급휴가 미사용으로 인한 임금체불의 위험을 예방할 수 있다.

chapter 11

근로자가 10인 이상이면 취업규칙을 신고한다

인력공급업체를 운영하는 김대박 대표는 사무실에 근무하는 근로자 수가 3인이었고, 하루 평균 14인을 요청하는 사업장에 공급해주고 있었다. 어느 날 관할 노동청의 근로감독관이 김 대표의 사업장을 방문하여 노동관계법령 준수 현황을 조사하였다. 근로감독관이 지적한 사항 중 취업규칙 미작성에 대해 김 대표는 이해할 수 없었다. 사무실에는 근로자 3인밖에 없는데 김 대표의 사업장도 취업규칙 작성 의무가 있는 사업장일까?

취업규칙은 근로자가 사업장에서 지켜야 할 규율로 흔히 '사규'라고 부른다. 취업규칙은 사업주가 일방적으로 정한 규칙이기 때문에 근로자는 특별한 사정이 없는 한 준수하여야 한다. 또한 근로계약보다 우위의 효력을 지니고 있기 때문에 취업규칙보다 미달하는 근로조건을 근로계약에 정할 경우 이 부분은 무효가 되고, 무효가 된 부분은 취업규칙의 내용으로 보충된다.

10인만 있어도 우리 회사는 대기업

취업규칙은 상시 근로자수 10인 이상의 사업장이면 의무적으로 관할 노동청에 신고하여야 한다. 다만 사업장에서 취업규칙을 작성하였지만 취업규칙을 신고하지 아니하였다 하더라도 이는 행정적인 제재만 받을 뿐 취업규칙은 그대로 사업장 내의 근로자들에게 유효하게 적용된다. 또한 10인 미만의 사업장이라 하더라도 사업주가 취업규칙을 작성할 경우 관할 노동청에 신고의무만 없을 뿐 취업규칙으로서 유효하게 사업장에 규칙으로 작용할 수 있다.

참고로 상시 근로자수는 사업장에서 근무하고 있는 근로자라고 하면 정규직, 비정규직을 불문하고 '1개월간 총 사용 근로자의 인원수÷1개월간 사업장의 총 가동일수'로 계산한다. 취업규칙에 반드시 들어가야 할 필수적인 기재 사항은 다음과 같다.

취업규칙의 필수적 기재사항

1. 업무의 시작과 종료 시각, 휴게시간, 휴일, 휴가 및 교대 근로에 관한 사항
2. 임금의 결정·계산·지급 방법, 임금의 산정기간·지급시기 및 승

급(昇給)에 관한 사항

3. 가족수당의 계산·지급 방법에 관한 사항

4. 퇴직에 관한 사항

5. '근로자퇴직급여 보장법' 제4조에 따라 설정된 퇴직급여, 상여 및 최저임금에 관한 사항

6. 근로자의 식비, 작업 용품 등의 부담에 관한 사항

7. 근로자를 위한 교육시설에 관한 사항

8. 출산전후휴가·육아휴직 등 근로자의 모성 보호 및 일·가정 양립 지원에 관한 사항

9. 안전과 보건에 관한 사항

10. 근로자의 성별·연령 또는 신체적 조건 등의 특성에 따른 사업 장 환경의 개선에 관한 사항

11. 업무상과 업무 외의 재해부조(災害扶助)에 관한 사항

12. 표창과 제재에 관한 사항

13. 그 밖에 해당 사업 또는 사업장의 근로자 전체에 적용될 사항

사업주가 정한 취업규칙은 처음 제정할 때에는 사업장 내 근로자 과반수(근로자 과반수로 이루어진 노동조합이 있을 경우 그 노동조합)의 의견청취 절차를 거치면 된다. 이때 의견청취 절차를 거치지 않아도 취업규칙은 유효하게 근로자들에게 적용될 수 있다.

그러나 원래 있던 취업규칙을 기존의 근로조건보다 불이익하게 변경하려면 근로자 과반수(근로자 과반수로 이루어진 노동조합이 있을 경

우 그 노동조합)의 동의절차를 거쳐야 한다. 만일 동의 절차를 거치지 아니하면 취업규칙 변경은 효력이 없다. 이때 '불이익 변경'의 의미는 원래의 취업규칙에 나와 있는 내용보다 근로조건이 낮은 수준으로 떨어지는 경우뿐만 아니라 일부 근로자에게만 불리한 경우에도 전체 근로자의 과반수(근로자 과반수로 이루어진 노동조합이 있을 경우 그 노동조합) 동의를 얻어야 한다. 또한 원래 있던 취업규칙 규정 자체를 불이익하게 변경하는 경우뿐만 아니라 새로이 불이익한 근로조건을 신설하는 경우도 '불이익 변경'으로 보아 근로자 과반수(근로자 과반수로 이루어진 노동조합이 있을 경우 그 노동조합)의 동의를 얻어야 한다.

취업규칙 제정·변경 시 노동청 신고 서류

다음은 취업규칙 제정·변경 시 관할 노동청에 제출하여야 할 서류 목록이다.

구분	취업규칙 제정	취업규칙 변경
공통	-취업규칙 제정·변경 신청서(고용노동부 양식) -취업규칙 제정 시에는 근로자의 의견청취서, 변경 시에는 근로자의 동의서(사업장 자체 양식)	
추가	없음	신·구 조문 대조표

chapter 12

해고, 예고와 통보로
확실하게 한다

제조업을 하는 김대박 대표는 모집공고를 통해 회계 담당자인 나고용을 채용하였다. 이력서상 나고용은 본인의 나이에 비해 다양한 업무 경험을 보유하고 있어서 김 대표는 채용에 만족하였다. 그러나 나고용의 실제 업무 능력은 본인의 경력에 비해 미달하였고, 급기야 출근 이튿날 동료 직원과 마찰로 경찰까지 동원되었다. 김 대표는 입사 후 1개월간 나고용을 유심히 살펴본 후 회사와 맞지 않다고 판단하였고 나고용에게 근로관계를 종료하게 하기 위해 무언가 해야 할 상황이 왔다. 이때 김 대표는 나고용을 바로 해고할 수 있을까?

해고통지는 반드시 서면으로 한다

근로관계는 사업장 내부의 안살림에 비유된다. 부부가 헤어질 때 그동안 함께 형성하였던 재산이나 관계 등으로 정리하는 데 많은 시간이 소요되는 것과 마찬가지로 근로관계도 사업주와 근로자가 함께한 시간 만큼 서로 만들었던 관계나 이룬 업적, 그리고 금전 관계까지 얽혀 있어 심리적으로도 괴로울 수밖에 없다.

무엇보다 해고를 하기 위해서는 최소한 해고일 30일 전에 해고예고통지를 해야 하고, 해고는 그 사유와 해고 일자를 반드시 서면으로 해야 한다. 해고 예고를 하지 않고 즉시 해고를 하면 근로자에게 해고예고수당(30일분의 통상임금)을 지급하면 되지만, 서면으로 해고통지를 하지 아니하면 해고는 효력이 없다. 해고예고통지와 해고통지를 각각 2회하기에는 번거롭기 때문에 두 개의 통지를 합쳐 1개의 서면으로 해고일 30일 전에 근로자에게 전달하면 된다. 근로기준법에서는 해고예고절차의 적용 제외자를 아래와 같이 규정하고 있다.

해고예고제도 적용 제외자

① 일용근로자로서 3개월을 계속 근무하지 않은 자
② 2개월 이내의 기간을 정하여 사용된 자
③ 계절적 업무에 6개월 이내의 기간을 정하여 사용된 자
④ 수습 사용한 날부터 3개월 이내인 수습 사용 중인 근로자

주의사항은 '월급근로자로서 6개월이 되지 못한 자'도 예전에는 해고예고제도 적용 제외자였으나 이 규정은 헌법재판소에서 위헌결정을 받아 더 이상 적용 제외자로 분류할 수 없다. 또한 위의 적용 제외

자가 인정받기 위해서는 근로계약서 등에 실제로 일용직, 기간제(계약직), 수습기간 등이 명시되어 증명될 수 있어야 한다.

반드시 확인해야 할 '해고절차'

또한 이와 같은 법정 해고 절차 외에도 취업규칙이나 단체협약에 별도로 해고 관련 절차를 두었다면 그 절차 모두를 거쳐야만 해고가 정당하다고 인정받는다. 다만, 5인 미만 사업장의 경우 해고에 대해서는 상대적으로 자유롭고, 해고예고절차만 잘 지켜진다면 해고가 부당한지에 대해서는 노동위원회를 통해 근로자는 다툴 수 없다.

앞서 본 바와 같이 해고는 해고 절차도 정당해야 하지만 해고 사유도 정당해야 한다. 해고 사유는 해고통지서에 기재하여야 하는데 구체적으로 왜 근로자가 해고당하는지를 명확히 알 수 있을 정도로 자세히 기재해야 한다. 만일 단순히 '업무 미숙' 등으로 압축하여 기술한다면 이는 추후 분쟁의 씨앗이 될 수 있다. 그리고 해고 일자 역시 명확하게 해고통지서에 기재되어 있어야 한다.

근로자는 해고일 후 90일 이내에 사업장 소재지 관할 노동위원회에 부당해고 구제신청을 할 수 있다. 이 경우 해고에 대한 증명책임은 사업주에게 있다. 만일 노동위원회에서 해고가 부당하다고 판정될 경우 사업주는 근로자를 원래의 업무 담당자로 복직시켜야 하고, 해고기간 중에 발생한 임금을 지급해야 한다.

해고의 부담을 줄여주는 제도, 권고사직

이러한 해고의 부담에서 벗어나기 위해 활용될 수 있는 제도로 '권고사직'을 들 수 있다. 이는 근로자에게 사직서를 제출받는 방식이다. 다만 일반적으로 근로자가 원해서 하는 사직이 아니라 사업주의 근로관계 종료 요청(청약)에 의해 근로자가 근로관계 종료를 승인(승낙)하기 때문에 추후 해고의 다툼이 발생할 수 있다. 따라서 반드시 근로자에게 사직서를 받아둠으로써 해고의 다툼을 예방할 수 있다. 참고로 사직의 경우는 별도로 사직서를 제출받을 필요없이 구두로도 가능하다.

참고할 점은 해고든 권고사직이든 해당 근로자는 실업급여를 수급할 수 있다. 다만 권고사직의 경우 실업급여 수급 요건을 심사할 때 권고사직 사유를 고려한다. 따라서 사업주는 권고사직 근로자의 4대 보험 상실 신고를 할 때 권고사직 사유 중 실업급여 수급 대상이 되는 사유로 체크하였는지 반드시 확인해야 한다.

chapter 13

퇴직금 중간정산과
퇴직연금제도

김대박 대표는 사업을 시작한 2010년부터 현재까지 매년 근로자들에게 연말에 1년 분의 퇴직금을 정산하여 지급하였다. 어느 날 관할 노동청에서 근로감독관이 지금과 같은 방식으로 퇴직금을 매년 정산할 경우 퇴직금 미지급 문제와 법 위반 문제가 발생한다고 지적하였다. 김대박 대표는 어떤 방식으로 퇴직금 제도를 변경해야 할까?

목돈이 들어가는 퇴직금에 대한 고민

예전에는 퇴직금을 매년 정산하여 일종의 보너스처럼 작용하였다. 퇴직금을 적치하는 것보다 사업주의 입장에서는 매년 한 번씩 근로자에게 지급하면 근로자가 최종 퇴직할 때 한꺼번에 지급해야 하는 부담에서 어느 정도 벗어날 수 있었다. 그러나 매년 퇴직금을 지급하는 '퇴직금 중간정산'은 원칙적으로 근로자의 신청이 있어야 하는데 관행적으로 근로자의 의사를 물어보지 않고 사업주가 매년 퇴직금을 근로자에게 지급하여 퇴직금이 가지는 '퇴사 후 근로자의 생활 안정 기능'을 몰각시킨다는 비판이 있었다.

이에 정부에서는 '근로자 퇴직급여보장법'을 개편하여 퇴직금 중간정산을 금지하여 근로자가 퇴직 시 사업주로부터 퇴직금을 목돈으로 지급받을 수 있도록 보장해주었다. 다만 아래의 예외적인 경우에 사업주는 퇴직금 중간정산을 할 수 있다. 이때 주의할 점은 퇴직금 중간정산은 반드시 '근로자의 신청'이 있어야 하고 아래 예외적인 경우를 증명할 증거 서류가 있어야 인정될 수 있다.

예외적 퇴직금 중간정산 사유

1. 무주택자인 근로자가 본인 명의로 주택을 구입하는 경우
2. 무주택자인 근로자가 주거를 목적으로 전세금 또는 보증금을 부담하는 경우
3. 6개월 이상 요양을 필요로 하는 본인, 배우자, 부양가족이 있을 때 근로자가 요양 비용을 부담하는 경우
4. 퇴직금 중간정산을 신청하는 날로부터 역산하여 5년 이내에 근로자가 파산 또는 개인회생절차개시를 결정받은 경우
5. 사업주가 기존의 정년을 연장하거나 보장하는 조건으로 단체협약 및 취업규칙 등을 통해 일정한 나이, 근속 시점 또는 임금액

을 기준으로 임금을 줄이는 '임금피크제'를 시행하는 경우

6. 사업주가 근로자와의 합의에 따라 소정근로시간을 1일 1시간 또는 1주 5시간 이상 변경하여 그 변경된 소정근로시간에 따라 근로자가 3개월 이상 계속 근로하기로 한 경우

퇴직연금제도

위와 같이 퇴직금 중간정산을 원칙적으로 금지하여 사업주는 퇴직금에 대한 부담감이 커질 수밖에 없다. 따라서 정부에서는 퇴직금 중간정산과 같은 효과를 누리면서 인건비로 퇴직금을 전액 처리할 수 있는 방법으로 '퇴직연금제도'를 도입하였다.

2022년까지 대한민국 전 사업장이 가입해야 할 퇴직금연제도는 간

확정급여형(DB)	확정기여형(DC)
- 확정급여형 퇴직연금은 사업주(개인 또는 법인)의 명의로 법정 퇴직금의 일부 금액을 금융기관에 맡기는 방식	- 확정기여형 퇴직금연금은 근로자 명의로 가입하는 방식
- 기존 퇴직금 제도와 유사하여 퇴직금에 대한 운용 책임은 사업주에게 있는 방식 - 실제 근로자에게 사업주가 퇴직연금을 통해 지급하여야 하는 퇴직연금액은 근로자 퇴사 시 발생하는 법정 퇴직금에 맞추어야 함	- 매년 근로자의 평균임금을 산정하여 납입하기 때문에 실제로 퇴직금 중간 정산의 효과가 있음 - 근로자가 퇴사 시 실제 근로자에게 지급되는 퇴직금은 퇴직연금계좌에 있는 금전이고, 설사 법정 퇴직금에 미달하더라도 정상적으로 퇴직연금이 계산되어 납부되었다면 이는 사업주는 퇴직금 체불로 인정되지 않음

〈퇴직연금의 유형〉

단히 설명하면 매년 근로자에게 직접 중간정산하던 퇴직금을 금융기관에 맡기는 방식이다. 다만 주의할 점은 퇴직연금을 받을 수 있는 근로자는 반드시 4대 보험을 가입하여 국가 전산망에 근로자로 확인된 자에 한정한다. 따라서 근로자 중 4대 보험에 가입되지 아니한 자는 퇴직금연금을 받을 수 없고, 기존의 방식대로 근로자가 퇴사할 때 목돈이 들어가는 법정퇴직금 전액을 사업주는 지급해야 한다.

참고로 퇴직금은 고용노동부 홈페이지 등에서 근로시작일과 퇴직일, 퇴직 전 3개월의 평균임금을 넣으면 자동 계산된다.

2년 6개월 10일 근무한 근로자의 퇴직금 계산법

1. 퇴직금 산정에 필요한 수치
   ① 퇴사 직전 최종 3개월의 평균임금(임금이 아닌 금품은 제외)=a
   ② 퇴사 전날까지부터 1년간 받은 상여금 총액 × 3개월/12개월=b
   ③ 전년도 연차유급휴가를 사용하지 못하여 퇴사하는 해에 발생한 연차유급휴가 미사용수당 × 3개월/12개월=c
   ④ 퇴사 직전 최종 3개월의 일수=d
2. 계산 방법
   1단계 : (a+b+c)÷d=1일 분의 평균임금=e
   2단계 : e×30일=f(1년 분의 퇴직금)
   3단계 : f×근속기간(2년 6개월 10일=약 922일)÷365일=퇴직금 총액

chapter 14

특허권의 전략적 활용으로
가치를 키워라

김대박은 스마트폰 케이스를 직접 개발하고 이를 만들어 인터넷 쇼핑몰을 통해 판매하고 있다. 김대박이 만든 스마트폰 케이스는 기존 케이스와는 모양도 다르고 가볍고 튼튼하며 신용카드를 기존과는 다른 방식으로 수납할 수 있게 하는 등 여타의 스마트폰 케이스와 차별되는 모양과 기능을 가지고 있었다. 이에 김대박은 자신이 만든 스마트폰 케이스에 대해 특허출원과 디자인출원을 진행하였다. 특허와 디자인이 등록되면 해당 기술과 디자인에 대해 보호가 가능하다는 점은 알았지만 그 외에 특허나 디자인을 어떻게 활용할 것인지에 대해서는 전혀 아는 바가 없었다. 김대박은 기술과 디자인의 독점적 보호 외에 특허나 디자인을 어떻게 활용할 수 있을까?

최근 들어 점점 더 많은 기업이 특허를 전략적으로 활용하기 시작하고 있으며, 특허의 활용 방법은 더욱 다양해지고 있다.

특허권은 1차적으로는 독점권 확보 및 복제품·유사품을 방지하는 데 활용된다. 그리고 2차적으로는 타 제품과의 차별성을 강조하기 위해 광고 등의 마케팅에 활용할 수 있다. 나아가 경영전략의 다각화로 특허권을 금융자산으로 활용하는 등 특허의 활용 방법은 점차 확대되고 있다. 최근에는 기술가치평가를 통한 재무제표상의 지식재산(특허) 자산화 및 지식재산 담보대출을 시행하는 등 금융자산으로서의 활용이 커지고 있다.

특허를 활용하는 방법은 다양하지만 대표적인 것들을 간략하게 정리해보았다.

독점권 확보 및 복제품·유사품 방지

특허권자는 스스로 특허발명을 실시할 수 있는 동시에 타인이 그 특허발명을 실시하는 것을 금지시킬 수 있다. 따라서 특허권자는 제3자가 정당한 권한 없이 특허발명을 실시하는 경우, 민법 및 형법의 일반원칙에 따라 민사상·형사상 조치를 취할 수 있다.

대표적으로, 특허권자는 제3자의 침해행위를 금지하는 것을 청구하는 동시에 제3자의 침해행위로 인한 손해배상을 청구할 수 있다. 이러한 방식으로, 특허권자는 특허발명 기술을 독점적으로 실시하는 동시에 복제품이나 유사품이 시중에 퍼지는 것을 막을 수 있다.

마케팅에 활용

특허권은 기존 기술과 비교하여 새롭고 진보한 경우에만 획득할 수 있다. 따라서 특허권을 보유한다는 사실은 국가의 공적 기관인 특허청에서 인정한 기술로서 타 제품과의 차별성이 있는 것으로 인식되므로 큰 광고 효과가 있다.

따라서 특허출원 또는 특허등록을 받은 경우, 제품 외부나 포장에 특허출원 또는 특허등록번호를 표시하고 이를 광고 등의 마케팅에도 이용함으로써 제품의 판매량를 증대시키는 데 활용할 수 있다.

금융자산으로 활용

현물출자란 금전 이외에 토지·건물과 같은 부동산, 유가증권·상품 등의 동산, 그밖에 특허권·영업권 등의 무형자산에 의해 재산을 출자하는 것을 의미한다.

특허권은 자유롭게 양도나 질권 설정이 가능하고 법인기업의 재무제표에 자산으로 기재할 수 있으므로, 특허권 현물출자를 통해 법인기업에 출자해서 유상증자를 할 수 있다. 다만 특허권을 재무제표에 자산으로 올리려면 특허법인, 감정평가법인 또는 특허권 가치평가를 수행하는 기관으로부터 특허권에 대한 가치평가를 받아야 한다. 특허권의 가치평가액만큼 회사의 자본총액이 증가하므로 부채비율이 개선되고, 이는 회사의 재무구조를 긍정적으로 개선하여 신용도를 상승시킬 수 있다. 또한 산업재산권은 감가상각 대상자산인 무형자산으로서 감가상각비로 비용 처리가 가능해 법인세 절감 효과도 볼 수 있다.

한편 금융기관으로부터 대출, 보증, 투자를 받는 데 특허권을 활용할 수도 있다.

부동산 등의 담보능력이 부족한 중소기업이나 스타트업을 위하여 보유한 산업재산권을 담보로 기업자금을 대출 또는 지원받을 수 있는 제도가 널리 시행되고 있으며, 자산운용사나 벤처캐피탈에서도 산업재산권을 담보로 투자하는 경우가 증대하고 있다.

지원사업 획득

예비 창업자를 위한 창업 자금지원, 개인 또는 중소기업을 위한 사업화 지원사업, 국내 또는 해외 특허출원료 지원사업 등 다양한 정부 지원사업들이 있다.

정부지원 사업에서는 특허권 보유에 대한 가산점이 있기 때문에, 예비 창업자이든 기존 사업을 영위하는 개인이나 기업이든 특허권을 보유한 것이 보유하지 않은 것보다 지원사업을 획득하는 데 있어 더 유리하다.

정부에서 운영하는 중소기업청(www.smba.go.kr), 중소기업진흥공단(hp.sbc.or.kr), 창업진흥원(www.kised.or.kr), 소상공인시장진흥공단(www.semas.or.kr), 테크노파크진흥회(www.technopark.kr), 지역지식재산센터(www2.ripc.org) 등과 기술보증기금, 신용보증기금, 산업은행, 기업은행 등의 금융기관, 대한상공회의소의 올댓비즈(allthatbiz.korcham.net), K-스타트업 창업지원사업(www.k-startup.go.kr), 각 지방자치단체, 창업선도대학 프로그램, 한국발명진흥회(www.kipa.org)

등 지원사업을 운영하는 다양한 기관들이 있다.

정부 지원사업은 수시로 생기고 변경되므로 각 기관의 홈페이지를 수시로 방문하여 적합한 지원사업을 선택하고 지원하자.

기타 특허권 활용

NEP와 NET 인증을 받는 데 있어, 특허권의 보유 및 수량은 지대한 영향을 미친다. 이러한 인증을 받는 경우, 정부나 공동투자기관의 의무구매 혜택, 보증우대 혜택 등 다양한 지원을 받을 수 있다.

특허권 보유는 가산점을 받으므로 조달청 우수조달물품으로 지정받는 데 있어 매우 유리하다. 우수조달물품으로 지정될 경우 국가 및 지방계약법에 따라 수의계약으로 공공기관에 우선 공급되며, 제품의 우수성을 공인받아 판로에도 큰 도움이 된다.

chapter 15

해외 시장에서 상품을
보호하는 방법

대박전자는 핸드폰에서 사용될 수 있는 지문 인식 및 인증 방법에 대하여 획기적인 발명을 하였고 이미 한국에서 특허출원하였다. 이 핸드폰은 한국 이외에 미국 및 중국에 수출되어 판매된다. 따라서 이러한 지문 인식 및 인증 방법에 대한 발명을 해외 각국에서도 특허로 보호받을 필요가 있다. 이럴 경우에 대박전자는 어떻게 해야 할까?

해외로 제품을 수출하는 경우, 해당 수출제품을 해당 국가에서 보호받기 위해서는 수출제품과 관련된 기술에 대한 특허출원, 수출제품의 모양과 관련된 디자인출원, 수출제품의 명칭과 관련된 상표출원을 진행하는 것이 유리하다.

판매량이 많은 아이디어 제품의 경우, 해외 다수 국가들로 글로벌하게 수출될 수 있다. 따라서 해외수출량이 많거나 향후 해외 사업 계획이 있다면 해당 제품을 해당 국가에서 보호받기 위해 해외 특허출원, 상표출원, 디자인출원 절차를 반드시 고려할 필요가 있다. 기업이 그 해당 국가에서 산업재산권 절차를 밟지 않는다면, 수출한 제품을 보호받지 못할 뿐만 아니라 다른 기업으로부터 공격을 당할 수도 있다.

산업재산권은 각 국가별로 설정 등록하여야 하는 권리이므로, 외국에서도 산업재산권을 행사하기 위해서는 그 해당 국가에 별도로 출원 및 등록절차를 밟아야 한다. 예컨대 제품을 외국으로 수출하는 경우, 수출 대상 국가에 수출제품과 관련된 타인의 특허권이 존재한다면 그 특허권의 침해가 되어 수출의 길이 막히게 될 수도 있다. 그렇기 때문에 미리 수출 대상 국가의 특허권 등 산업재산권 여부를 조사하여 침해가 되지 않도록 해야 한다.

해외 특허출원의 경우 파리 조약이나 PCT(Patent Cooperation Treaty, 특허협력조약)에 의하여 우리나라 출원일로부터 1년 이내에 해당 국가로 직접 출원하거나 또는 PCT 출원하면 우리나라 출원일을 그 해당국가의 출원일로 소급 인정해준다.

한편 상표의 경우에는 마드리드 협정을, 디자인의 경우에는 헤이그 협정을 이용하여 해외로 진입할 수 있다(상표와 디자인의 경우 우리나라 출원일로부터 6개월 이내에 해외출원을 해야 한다.).

따라서 우선 우리나라에 출원한 후 그로부터 1년 이내에 출원 대상 외국을 선정한 다음 해외 출원을 진행하면 되며, 해외에 출원하면 그 국가에서도 출원·심사·등록 절차가 별도로 진행되는 것은 우리나라와 마찬가지이다. 외국으로의 특허출원을 위한 절차로 다음의 2가지 방식이 있다.

① 파리 조약에 의거하여 각 국가별로 출원절차를 진행하는 방식
② PCT에 의거해 하나의 출원절차를 이용하여 복수의 지정국에 출원절차를 진행하는 방식

파리 조약에 의한 출원은 한국 출원일로부터 늦어도 1년 이내에 출원을 원하는 모든 국가에 대해 출원을 완료하여야 하나, PCT에 의한 출원은 한국의 최초 출원일로부터 1년 이내에 ①의 출원으로 원하는 모든 국가에 출원한 효과를 얻으면서 30개월까지 각 국가별 출원절차를 진행하면 된다.

어떤 나라에 특허를 취득하여야 할 것인지에 대한 판단이 애매하거나 보류된 경우에는 PCT를 이용하는 것이 유리하고, 출원할 국가를 확정하였다면 시간 및 비용상 파리 조약을 이용하는 것이 바람직하다. PCT 출원은 PCT 가입국에 모두 출원한 것과 동일한 효과를 얻지만 약 30개월 후에는 출원을 원하는 국가로 진입해야 한다.

PART IV

수확과 확장
그리고
철수와 매각의 전략

chapter 01

사업의 성숙기에
퇴로를 확보하라

시장에서 꽤 유명한 기업이 된 문구류 유통 전문기업 주식회사 대박유통은 수도권에만 백여 개의 직영매장과 대리점을 보유하고 계속 성장을 해나가고 있었다. 그런데 가끔 취급 품목이 아닌 제품을 찾는 고객이 있으면 새롭게 해당 품목을 추가로 판매용 제품으로 출시하곤 하다 보니 어느덧 2만여 개의 제품리스트를 보유하게 되었다. 그러나 이 중에는 거의 나가지 않는 제품도 있고, 그 제품이 있는지조차 모를 정도로 사실상 절판된 제품도 있었다.

전국에 매장도 확대하며 계속 매출이 조금씩 성장하고 있는 외형과는 달리 내부적으로는 수익이 줄고 재고가 늘어나고 있었다. 이에 전문가에게 자문을 받았더니 문구류 사업은 성숙기에 도달했으며 세부 제품들

중에서도 이미 수명을 다했다고 볼 수 있는 것들이 있어 과감한 사업 개편을 위한 '버리기' 전략이 필요하다는 진단을 받았다. 몇 달간 과감히 버릴 것을 버리면서 위기는 극복하고 다시 수익이 증가하기 시작했다. 이 기업은 어떤 버리기를 했던 것일까?

기업 또는 주력 제품의 성숙기, 퇴로를 확보하라

기업 경영에 있어 반드시 관심을 가져야 하는 것 중 하나가 기업의 라이프 사이클과 제품이나 서비스(혹은 해당 산업)의 라이프 사이클이다. 기업이든 제품이든 시장이든 탄생기부터 성장, 성숙기를 거쳐 쇠퇴기에 도달하게 된다. 쇠퇴기가 도달하기 전에 신성장 동력을 얻는 경우 다시 성장을 시작할 수 있고 준비가 되지 않은 기업은 그대로 침몰을 겪게 된다.

대박유통이 사업을 영위하고 있는 문구류 산업은 이미 포화된 시장으로서 새로운 변화가 요구된 지 오래이며, 이를 타파하기 위해 여러 기업들이 연예인이나 유명 캐릭터를 활용한 문구나 젊은 층을 공략한 팬시 그리고 공공기관이나 기업을 대상으로 한 사무용품 및 소모성 자재에 집중하는 등 다양한 변화를 모색하고 있는 상황이다. 따라서 전통적인 문구류 판매를 하고 있는 대박유통은 성숙기에서 쇠퇴기로 넘어가는 위치에 있는 산업에서 신성장 동력을 얻기 위해 변화가 필요하다는 진단을 받은 것이다. 여러 가지 변화가 필요하고 이에 관한 전략이 있지만 여기서는 '버리기'에 대해 논해 보고자 한다.

기업의 쇠퇴를 대비하는 방법

전통적인 문구 산업이나 섬유, 철강 산업처럼 시장이 성숙기를 넘어 정체되거나 쇠퇴하고 있는 시점이라면, 기업은 해당 산업의 위기에서 빠져나오거나 해당 산업 자체에서 빠져나와야 할 것이다. 대한상공회의소가 2016년 수출기업을 대상으로 설문조사한 결과 이미 쇠퇴기에 들어섰다고 응답한 산업은 선박(26.1%), 섬유(25%), 디스플레이(22.2%) 순이었는데, 역설적이게도 자신의 기업들이 그 산업 내에 속해 있으면서도 신사업을 찾아 추진 중인 비율은 단 10% 정도에 불과했다. 실제로 새로운 성장을 위한 퇴로 준비가 되지 않고 있다는 말이다.

기업의 퇴로는 업종전환, 폐업 또는 기업매각, 사업다각화 전략 등이라 말할 수 있다. 시장에서 경쟁력이 없거나 시장 자체의 매력도가 낮다고 판단이 되면 시장 자체가 폭락하기 전에 서둘러 새로운 업종으로 변모하거나 혹은 기업을 적당한 값에 누군가에게 넘기고 나오는 것이 큰 손실을 피할 수 있는 방법이다. 아니면 그냥 폐업을 하는 방법도 있겠지만, 대부분의 기업은 부채나 이해관계자가 얽힌 경우가 많아 쉽게 폐업할 수 없는 사례도 많다. 폐업이 마냥 쉬운 방법만은 아니다.

어느 정도 규모가 있는 기업은 보통 여러 가지 사업부나 여러 가지 품목을 취급하고 있는 경우가 많다. 그러나 시장의 성숙기에 있는 상황이라면 그중 상대적으로 시장상황이 불리한 사업부나 품목을 과감히 철수하고 상대적으로 경쟁력 있거나 아직 성숙기에 접어들지 않은 시장이나 품목에 더 집중하고 경쟁력을 높여서 시장점유율과 수익을 높여가야 한다. 기업이 속해 있는 시장이 성숙기에 진입하고 있는 시기라면 그때부터 새로운 시장을 공략할 준비를 반드시 추진해야만 한다. 이를 (사업)다각화라 부른다.

주력 제품(서비스)의 쇠퇴를 대비하는 방법

그럼 기업이 속한 산업이나 시장 자체가 아니라 취급하고 있는 제품이나 서비스 품목이 성숙기에서 쇠퇴기로 넘어가고 있다면 어떻게 할 것인가? 다양한 전략이 역시 나올 수 있지만, 여기서도 버리기의 중요성을 강조하고자 한다.

아마 웬만한 사업가라면 캐시 카우(Cash Cow)라는 말을 잘 알고 있거나 적어도 많이 들어보았을 것이다. 기존 사업에서 자리가 잡혀 수입이 꾸준히 들어오는 성숙기 제품이나 서비스는 지속적으로 수입이 창출되도록 유지를 하다가 적절한 시점에 완전히 빠져나오는 수확 전략을 추진해야 하며 새로운 시장기회가 있다고 판단되는 스타(Star) 제품에 대해서는 집중적인 투자를 통해 육성해야 한다. 그리고 이미 쇠퇴기에 접어든 의미 없는 제품들은 과감히 버려야 한다. 대박유통의 사례처럼 이러한 제품을 많이 가지고 있으면 재고는 느는데 판매는 거의 없어 비용을 증가시키는 요인이 되기 때문에 전체 매출이 늘어도 수익이 그만큼 늘지 못하거나 오히려 감소하게 하는 숨은 요인이 된다. 이러한 것을 도그(Dog)라고 한다. 또한 시장은 성장하고 있지만 점유율은 낮은 초기 제품인 물음표(Question Mark)에 해당하는 것들은 과감히 투자할지 포기할지 결단을 내리는 것이 좋다. 초기 시장진입과 인지도 상승에 많은 투자가 필요하기 때문이다. 초창기 창업 때는 욕심을 버리고 한두 가지에 집중해야 성공할 수 있는데, 사업이 상당히 성장한 뒤에도 다시 과감한 포기가 더 큰 성과를 불러온다는 사실을 잊지 말아야 한다.

〈보스턴 매트릭스〉

버리기 이후의 방법으로는 '앤소프 매트릭스'를 활용하면 좋다. '제품-시장 매트릭스'라고도 불리는데 기업의 성장전략 유형 모형 4가지 전략을 제시한다. 시장과 제품을 면밀히 분석하여 기존 제품으로 기존 시장을 더욱 세분화하고 고도화하여 점유율을 끌어올리는 시장침투 전략, 기존에 속한 시장에서 기존의 고객을 중심으로 새로운 제품 라인을 출시, 판매하는 제품개발 전략, 기존에 이미 판매하던 제품을 기반으로 새로운 시장(해외시장이나 새로운 고객층 등)에 맞게 각색하여 시장을 확대하는 시장개발 전략 그리고 완전히 새로운 시장에서 새로운 제품으로 공략하는 다각화 전략이 그것이다.

	기존제품	신제품
기존시장	**시장침투** 가격차별화, 프로모션	**제품개발** 제품차별화, 제품라인확장
신시장	**시장개발** 해외진출, 용도변경	**다각화** 새로운 사업 창출

〈앤소프 매트릭스(제품–시장 매트릭스)〉

여기서 다각화 전략은 사실상 제품에 해당하는 전략이라기보다는 위에서 말한 시장 자체의 쇠퇴기에서 기업의 퇴로를 확보하기 위해 과감하게 도전해야 하는 위험성이 있는 전략이다. 많은 중소기업이 성숙기에 수익을 얻는 데만 집중하다 다음을 준비하지 못하는데 이에 대비해야만 한다.

chapter 02

회사가 곧 당신이다,
오너 리스크에 대비하자

김대박 대표는 1인 창업으로 시작하여 지금은 10인의 직원과 함께 온라인 플랫폼 사업을 하고 있는 경영자다. 직원이 있는 지금도 중요한 결정과 고객사 미팅은 본인이 직접 하고 있는데, 며칠간 병원에 입원하는 상황 등이 생기면서 중요한 고객과의 약속을 못 지키거나 중요한 결정을 제대로 하지 못해 고객을 잃거나 손실을 보는 상황이 지속적으로 발생하고 있다. 김대박 대표는 갑자기 자신에게 무슨 문제라도 생기면 회사의 부채 등 문제로 회사와 자신의 가족에게 큰 피해가 갈 것을 우려하고 있다.

회사를 책임지고 있는 경영자의 위험성은 무엇이며, 어떻게 관리해야할까?

오너가 곧 기업이다

중소기업, 벤처기업은 창업자가 지속적으로 경영자이며 곧 기업의 소유자인 오너이다. 기업이 성장함에 따라 직원이 어느 정도 있다고 하더라도 결국은 오너에 모든 권한과 의무가 집중되기에 경영자의 건강상태, 심리상태 및 관련 경험과 지식에 따라 기업이 더욱 성장하기도 하고 반대로 휘청거리기도 한다. 따라서 경영자는 누구보다도 자신에 대한 철저한 관리가 필요하며, 특히 성장단계를 넘어 안정화에 접어들었다면 반드시 자기 자신을 챙겨야 한다.

경영자기 재무적, 시간적, 심리적 안정감을 확보하여야만 기업도 제대로 운영될 수 있으며 경영자와 직원들이 부양하고 있을 가족에게도 축복이 될 것이다. 이를 제대로 관리하지 못하면 오너의 부재나 잘못된 판단에 의한 불상사, 즉 오너 리스크(Owner Risk)가 높아질 수밖에 없다.

성장하는 기업의 경영자가 관리해야 할 3가지

첫째, 경영자 본인의 정신적, 신체적 스트레스에 대한 관리이다. 오너이자 경영자인 자신이 정신적으로나 심리적으로 매우 지쳐 있고, 체력이 소진되어 있다면 매우 중요한 판단을 해야 할 상황에서 집중력이 흐트러져 오류를 겪을 가능성이 있고, 체력적으로 바닥나 있다면 업무에 대한 의욕이 저하되거나 졸음운전 등으로 인한 사고 가능성, 그리고 약간의 스트레스 상황에서도 감정조절이 되지 않아 경영자로서, 리더로서의 책무에 결함이 생길 수 있다. 따라서 성공한 사업가들은 반드시 자신의 체력관리와 건강관리를 필수 항목으로 여기고 이를 위한 스케줄을 별도로 관리한다고 한다. 요즘 감정관리, 갈등관리, 협업적 대화법, 기업가정신 등에 관한 간단한 강의나 교육 프로그램 그리고 다양한 세미나와 조촐한 모임 등도 많이 생기고 있다. 경영자는 체력관리, 건강관리와 함께 정신과 마음관리를 위한 활동 또한 주기적으로 하는 것이 자기 자신과 가족 그리고 기업을 위해 가장 중요한 일이다.

둘째, 경영자의 재무적 안전성 관리이다. 성장기에 접어들면 창업자를 비롯한 창업에 기여한 창립멤버 등의 급여가 오르고 회사의 순이익도 증가한다. 이때 경영자는 간혹 저축이나 부동산 투자 등을 통한 부의 축적과 기업 성장을 위한 재투자에 많은 금액을 투입하려고 하는 심리가 생긴다. 이는 무척 중요하고 효과적인 재무관리 수단 중 하나라고 할 수 있지만, 여기서 강조하고자 하는 것은 경영자 본인과 가족 및 기업을 위한 대비적 재무관리를 하자는 것이다. 보험사 등에서 경영자의 유고 시를 대비한 보장과 저축 효과 등을 함께 갖춘 CEO를 위한 상품들이 판매되고 있다. 이 상품들은 기업에서 보험료를 납부하면 경비로 인정되기 때문에 세금을 절약하는 효과도 나면서 경영자에게 일신상의 문제가 생겼을 때 기업이 갖고 있는 부채를 갚거나 유가족의 생활에 도움이 될 수 있는 자산으로 기능할 수 있다. 이외에도 전략적으로 잘 활용하면 여러 가지 도움이 되는 부분들도 있으니, 꼭 믿을 만한 자산관리 컨설턴트를 소개받아 상담해보길 바란다.

셋째, 경영자의 시간적, 경영전략적 관리이다. 경영자의 심리적 문제와도 관련이 있는데, 경영자는 사실 굉장히 고독한 자리이다. 사업에 대한 불안감과 고민, 걱정을 직원들이나 가족에게 차마 표현하지 못하고 감추고 혼자 고뇌를 하는 경우가 많은 것이다. 경영지도사 등과 같은 경영자문가나 코치와 주기적인 만남을 가져 경영자로서의 고민을 나누고 실제 사업을 위한 경영전략으로까지 확대하여 도움을 받을 수 있다. 그리고 가끔은 혼자만의 시간이나 새로운 공부나 경험을 위한 시간을 만들어두길 권장한다. 이것은 성장하는 기업의 오너나 경영자에게 정말로 중요한 일이다.

일반적으로 오너 리스크라 하면 경영자의 잘못된 판단이나 부도덕한 행위 등에 의한 위험성을 말하기도 하는데, 중소기업에서는 그러한 점보다는 경영자, 즉 오너 자신이 자기관리를 하지 못하여 발생하는 위험성이 훨씬 크기 때문에 이것에 초점을 맞출 필요가 있다.

chapter 03

석세스 트랩과
창업자 딜레마의 극복

김대박 대표와 나창업 이사는 스타트업 회사를 함께 세운 창립멤버이자 동업자이다. 어려운 시기를 함께 겪고 서로 의지하면서 비록 힘들더라도 먼저 희생하자는 마음으로 열심히 사업을 키웠다. 그렇게 몇 년이 지나 드디어 볕 들 날이 보이기 시작했다. 많은 주문이 밀려들어오기 시작했고 회사는 날로 매출이 늘어나면서 이제 직원도 뽑고 사무실도 확장하며 성장해나가고 있었다.

그러던 어느 날, 김대박과 나창업은 크게 싸웠다. 생산량 증대를 위해서 추가 투자를 할지 여부와 영업전담부서를 운영할지 등에 대해서 서로 의견이 달랐던 것이다. 김대박 대표는 나창업 이사가 시장환경이 바뀐 것도 모르고 자꾸 과거에 했던 방식만 고집하고 있어 답답하게 느꼈고,

나창업 이사는 김대박 대표가 자신을 무시하며 독단적으로 일을 벌이고 있다고 생각했다.

결국 창업 초기에 함께 고생했던 시기에 상대방에 대한 불만까지도 터져 나오며 둘은 헤어지기로 했다. 그러나 헤어지는 과정도 생각처럼 간단치 않아 애만 태우는 나날이 이어지고 있었다. 왜 이런 일이 생기며, 어떻게 해야 문제를 방지할 수 있을까?

창업자가 겪는 2가지 함정

창업기업이 초기 어려움을 넘어서서 성장기에 이르면 사무실도 확장하고 직원채용과 생산설비 증설 등 각종 추가 투자와 경영상의 복잡한 환경에 놓이게 된다. 그러나 창업한 사람들 대부분은 IT기술이든 식음료에 관한 기술이든 주로 자신의 특기를 바탕으로 사업을 시작하여 일구어온 경우이다. 그러다 보니 전문적인 경영 지식이나 경험은 부족할 때가 많은데, 이때 위기가 찾아온다.

기업의 성장단계에서 발생하는 문제는 보통 석세스 트랩(Success Trap)과 창업자의 딜레마(Founder's Dilemmas)이다. 석세스 트랩은 성공한 사업가의 함정이라고도 부르는데, 자신이 추진하여 좋은 성과를 내었던 전략이 있으면 시장상황이나 제품 등이 바뀌었는데도 과거에 추진했던 방법을 고집하는 것을 말한다. 한편, 창업자의 딜레마는 여러 가지 유형이 있는데, 이 중 창업자들이 흔히 겪는 딜레마로 동업자와의 갈등과 창립멤버의 도태이다. 창업할 때는 서로 뜻이 맞거나 자금의 문제 등으로 함께 시작했는데, 어느 정도 진행하다보니 서로의 생각이나 업무처리 방식에서 충돌이 일어나거나 수익 배분의 문제로 다툼이 생기는 것이다. 또 동업자는 아니더라도 창립멤버로서 함께 한 경우에도 역시 이러한 문제가 나타나며, 특히 특정한 기술이나 지식만이 필요해서 함께 했던 사람이 회사의 성장 단계에서는 더 이상 할 역할이 없어지면서 도태되지만 창립멤버로서의 기여와 지위로 인해 애물단지가 되기도 한다. 이러한 문제를 살펴보자.

학습하고 결단하라

기업이 성장하게 되면 거래처가 늘어나고 매출이 올라가고 직원도 뽑다보면 창업자는 애를 먹는다. 혼자서 모든 것을 관리할 수 있었던 신생기업에서의 업무와는 차이가 생긴다. 혼자 창업한 경우에는 모든 직원이 창업자 한 사람만을 바라보고 있는 경우가 많은데, 사업 성장에 따라 제품이나 서비스 품목을 확대하거나 판로를 확대하는 등의 새로운 상황에 대한 판단을 거의 전적으로 결정해야 한다. 또 다른 경우에는 경영이나 마케팅 담당 직원들을 고용하여 일을 맡기기도 하지만 중요한 판단의 시점에서는 창업자이자 대표자인 본인이 모든 결정을 독단적으로 하기도 한다. 그런데 여기서 종종 문제가 발생하는데, '기존에 이런 방식으로 성공했으니 이번에도 이렇게 하자.'라든가 '내가 해봤으니 검증된 방법이다.'라고 생각하며 결론을 내려버리기 때문이다. 요즘의 시장 트렌드나 기술, 경쟁제품 등은 매우 빠른 속도로 변화하고 있기에 과거의 성공한 방법이 지금도 통할 것이라고는 기대하기 어렵다. 따라서 창업자, 대표자는 끊임없이 학습하여야 한다. 그

것이 창업자의 숙명인지도 모르겠다. 시장의 흐름을 놓치지 않도록 신문, 뉴스를 비롯하여 비즈니스에 관한 정보지나 세미나, 포럼 등을 활용하고 사업가들의 모임에 꾸준히 참석하여 정보를 얻고 토론해야 한다.

어느 정도 성장한 기업이라면 전문경영인을 영입하는 것도 전문가들이 권장하는 방법이다. 유사한 업계에서의 경력이 있는 경영지식을 가진 전문가를 경영책임자 혹은 대표자로 앉히고 창업자 본인은 경영 일선에서 한발 물러나거나 혹은 자신이 원래 가진 기술분야의 책임자로서 역할을 하는 것이다. 하지만 필자가 보기에는 우리나라 대부분의 중소기업은 전문경영인을 영입하는 것이 현실적으로 설득력이 낮은 얘기이다. 우리나라는 창업자들이 자신이 세운 기업은 끝까지 자신이 가져간다는 생각이 확고한 편이기에 오히려 그들이 제대로 시장의 변화 및 경영에 대한 학습을 게을리하지 않는다면 회사에 대한 열정과 의지를 바탕으로 경영에 대한 전문성도 확보하여 기업을 더욱 크게 성장시킬 수도 있을 것이다. 경영을 비롯해 각 분야별 전문성을 가진 우수한 직원을 고용하고 그들에게 중요한 판단을 위임할 수도 있어야 한다.

창업자의 딜레마, 다시 말해 동업자나 창립멤버와의 문제도 역시 비슷하다. 우선 동업자와의 명확한 업무영역과 수익배분 그리고 헤어지는 방법에 대해 구체적으로 작성한 동업계약서를 체결해두어야 한다. 그리고 동업자와의 갈등은 주로 두 가지 형태가 있는데, 서로 어떤 이유로 인해 감정적 대립으로 시작되는 경우와 실제 부적절한 업무처리로 인해 시작되는 경우이다. 실제 동업관계에서의 갈등에 대한 문제들을 들어보면 상호간 감정적인 원인이 사실 상당히 많은 비중을 차지하는 것 같다. 따라서 창립멤버 모두는 협업과 리더십에 관한 학습을 반드시 해야만 하며, 상대방이 무엇을 해주는지보다는 내가 상대를 위해 무엇을 먼저 해줄지 생각하는 자세가 굉장히 중요하다.

업무적인 문제로는 자금의 횡령이나 심각한 손실을 유발한 부주의도 있다. 하지만 사실 창업자들이 고민하는 꽤 많은 부분은 초창기 멤버가 이제는 제 역할을 제대로 못하거나 그 역할이 불필요해진 경우이다. 처음엔 기술을 개발하고 상품화하기 위해 상대방의 기술능력이 필요해서 함께 시작했는데, 회사가 성장한 상황에서 창립멤버로서의 공헌에 따라 높은 직급과 급여를 부여해야 하지만 그에 비해 상대방은 여전히 초기에 보유했던 기술능력을 가지고 있을 뿐 경영적 판단력이나 새로운 역할에 대한 준비가 되어 있지 않고, 새로 채용한 젊은 직원들이 비해 우수하지도 못하기 때문에 회사에서 불필요하거나 오히려 방해가 되는 인물이 되기 때문이다. 애플의 스티브 잡스도 한때 그런 취급을 받아 회사에서 물러나야 했다. 그러나 스티브 잡스는 다시 돌아와 성공한 아주 예외적인 케이스이며 대부분의 기업에서는 내보내기도 어렵고, 내보내지는 사람은 토사구팽(兎死狗烹, 필요할 때는 써먹고 쓸모없어지면 버림)을 당한다는 모멸감을 지우기 어렵다. 따라서 이러한 문제를 방지하거나 줄이기 위해서는 성장단계에 있는 기업의 창립멤버들은 반드시 앞서 말한 바와 같이 새로운 환경에 대한 학습을 함께 이행하여야 하며, 이런 원칙을 지키지 않거나 특정한 역할

을 제대로 수행하지 못할 경우에는 회사에서 나가도록 하는 엄격한
규칙을 세워야만 한다. 물론 그 전에 함께 나아갈 수 있도록 북돋아주
는 것이 가장 중요하다.

즉, 창업자는 석세스 트랩과 창업자의 딜레마에 빠지지 않기 위해
끊임없이 학습하여 환경의 변화에 민첩하게 대응하도록 하고, 중요한
판단을 전문성 있는 사람에게 위임하는 등의 결단력이 필요하다.

chapter 04

구조조정으로
기업을 치료하라

지나친 차입에 의존한 사업확장으로 재무상황이 악화된 주식회사 대박의 최고경영자로 부임한 김대박 대표는 회사의 구조조정을 통해 부실을 해결하고자 고민 중이다. 그는 부실해진 회사의 구조조정을 어떻게 진행할지에 대해 컨설턴트에게 자문을 의뢰하기로 하였다. 회사의 구조조정을 어떻게 진행하여야 할까?

기업 구조조정을 위한 처방은 어떻게 할 것인가?

구조조정이 필요한 기업은 재무적인 측면에서 '아픈' 회사이다. 환자가 몸에 어떤 징후가 있는지를 의사에게 서툴지만 나름대로 알리듯 기업도 재무자료 및 경영자료를 통해 회사의 징후를 나타내고 있다.

또한 의사가 환자의 상황을 진찰하고 테스트한 후 이를 분석하여 논리적인 추론을 끌어내서 진찰을 마무리하는 것처럼 기업의 건강을 책임지고 있는 기업금융업무 담당자도 기업의 상태를 평가하고 테스트하며 측정한 후 수집된 징후에 대해 논리적인 추론을 이끌어낼 뿐 아니라, 그 처방책도 동시에 제시하여야 한다.

부실기업 처방 과정과 구조조정 방법

기업금융업무 담당자가 기업을 정상상태로 회복시키는 과정은 의사가 환자의 병을 고쳐가는 과정과 거의 유사하다.

① 기업의 재무적인 상태를 문서화

② 기업을 진단(진찰)하여 징후를 확인하고 정량화

③ 정량화한 징후를 해석하고 전문지식을 적용하여 최종 판단한 후 진단을 종료

④ 병이 낫도록 처방전을 제시

⑤ 기업(환자)의 상황을 주기적으로 체크하여 성과를 모니터링하고 계속적으로 처방을 제시

기업은 병을 고치고 최적의 상태를 만들기 위해 최적의 사업구조를 선택해야 한다. 최적의 사업구조를 구축하기 위하여 기업은 자신이 처한 경영환경에 대한 분석이 우선되어야 한다.

경영환경분석은 거시적 환경분석, 산업분석, 내부역량분석을 통해

서 이루어지며, 이를 통해 기업은 자신이 속한 환경에서 기회, 위협, 강점, 약점을 파악함으로써 효과적인 사업구조조정이 가능해진다.

회사의 내외부 경영환경의 분석은 SWOT(Strength, 강점 · Weakness, 약점 · Opportunity, 기회 · Threat, 위협) 분석을 통해 도식화할 수 있는데, 이는 내부환경분석을 외부환경분석과 결합시킨 것이다. 즉, 내부 역량분석과 외부환경분석을 하나의 도표로 만들어 한눈에 알기 쉽게 정리함으로써 기업이 전략을 보다 효율적으로 수립·수행할 수 있도록 도와주는 보완적 도구라고 할 수 있다.

SWOT의 가장 큰 강점은 내부와 외부의 면들을 동시에 판단할 수 있다는 점이다. SWOT 분석 이외에 다른 분석들은 내부와 외부 환경 중 하나만을 집중하는 경향이 있지만 SWOT의 경우 내부와 외부의 모습을 동시에 파악할 수 있기에 장기적 안목에서도 유리하다. 또한

내부분석 / 외부분석	Strength S1 : ··· S2 : ···	Weakness W1 : ··· W2 : ···
Opportunity O1 : ··· O2 : ···	S-O 전략 (주어진 기회에 강점을 최대한 활용하는 전략)	W-O 전략 (기회를 활용해서 약점을 보완하는 전략)
Threat T1 : ··· T2 : ···	S-T 전략 (강점을 활용하여 위협요인을 회피하는 전략)	W-T 전략 (약점을 보완, 극복하면서 위협요인을 회피하는 전략)

〈SWOT 분석〉

SWOT 분석은 분석 자체가 간단명료하게 정리되기 때문에 쉽게 문제점을 파악할 수 있다.

3가지 차원의 구조조정

기업 구조조정은 자산매각, 기업인수합병, 운영효율 등을 통하여 생산성 향상 또는 주주의 이익을 극대화하기 위하여 추진해야 한다. 내용상으로는 포트폴리오 구조조정(Portfolio Restructuring)을 수반하고 있으며, 조직상의 구조조정(Organizational Restructuring)도 함께 발생한다.

최근 기업 구조조정의 추세는 포트폴리오 구조조정이나 재무적 구조조정(Financial Restructuring) 중 하나만을 추진하는 것이 아니라, 세 가지 차원의 구조조정을 함께 결합하여 추진하는 추세를 보이고 있다. 세 가지 차원의 구조조정을 통해 한층 더 높은 효과를 기대하는 것이다.

포트폴리오 구조조정

포트폴리오 구조조정이란 더 효과적인 사업형태를 창조하기 위해 기업을 구성하는 사업형태에 변화를 주는 것을 의미한다. 기업이 경쟁적 이점을 가지는 분야에 사업라인을 결합시키거나, 경쟁기업보다 더 높은 수익을 얻지 못하는 영업라인을 폐쇄함으로써 수익성을 높이는 것이다.

포트폴리오 구조조정은 사업의 다각화(Diversification)와 사업범위의 축소(Down Scoping)로 대별할 수 있으며, 사업 다각화는 새로운 사업 또는 기업의 인수·합병의 방법으로, 사업범위의 축소는 사업 또는 기업의 분할, 매각 및 아웃소싱의 방법으로 추진할 수 있다.

기업 구조조정과 관련한 포트폴리오 구조조정의 주요 내용은 다음과 같다.

▶ 핵심 역량사업에의 집중
경쟁적 이점을 가지는 사업라인의 인수 및 합병(M&A, Merger & Acquisition). 경쟁기업보다 더 높은 수익을 올리지 못하는 영업라인 정리. 현재는 수익성이 있으나 2~3년 후에 경쟁력을 상실할 우려가 있는 사업의 정리

▶ 유동성 확보 및 상환재원 확보 차원에서 유휴자산 및 불용 자산 매각

▶ 본사 건물 및 계열사 정리
기업의 경쟁력 향상을 위해 본사 건물을 비롯한 부동산의 과감한 처분. 사업 집중을 위한 계열사 및 한계사업 정리. 경쟁력 없는 지점 통폐합. 기업의 장기 전략에 쓸모없는 것으로 여겨지는 사업부분의 매각

▶ 기업 인수
기업의 핵심가치를 높일 수 있는 새로운 사업을 매수하여 기업의 핵심사업 라인의 경쟁적 이점을 높이는 방법

▶ 전략적 제휴

전략적 제휴는 판매, 생산, 기술, 자본 등 기업 기능의 전 부문에 걸쳐 상호협력을 바탕으로 두 개 이상의 기업이 제휴하는 것을 의미. 경영 자원을 상호 보완 사용함으로써 자원의 효율적 사용과 배분이 가능

▶ 아웃소싱(Outsourcing) 강화 및 회사분할

직접생산보다 아웃소싱이 유리한 부분은 회사분할. 체질이 상이한 영업부분의 독립으로 경영 전문화. 부진사업 정리를 통한 경영의 효율화 도모.

재무적 구조조정

재무적 구조조정은 유동성 및 자본구조를 강화시키는 데 초점을 두고 유동성 부족 및 지급불능 문제를 처리하는 것을 의미한다. 전형적인 방법으로는 기존 주식의 감자 후 신규증자, 일부 부채의 출자전환, 차입금의 상환기간 재조정, 부채 탕감 및 이자감면 등이 있다.

사업에 필요한 설비와 조직의 확보를 위하여 기업에 투입되는 자본은 주주의 자기자본과 외부에서 조달하는 타인자본으로 구분된다. 기업의 자기자본과 타인자본을 적절히 구성하고, 타인자본을 기업에 가장 안전하고 유리하게 조달하도록 하는 것이 재무적 구조조정의 과제가 된다.

기업이 타인자본을 조달하게 되면 그 이자비용을 수익에서 공제하게 되므로 법인세 절감효과가 있으며, 그 이자를 지급하고도 수익을 올려야 하므로 경영자들로 하여금 수익증대에 보다 주력하게 하는 효과가 있다. 반면 타인자본에 지나치게 의존하게 되면 경영이 악화되

었을 때 원리금 지급을 이행하지 못하여 파산의 위험에 처할 수 있다. 따라서 기업의 안정과 생존을 위하여는 적절한 규모의 자기자본을 확보하고 있어야 한다.

재무적 구조조정과 관련한 주요 실행 방법은 다음과 같다.

▶ 기존 주식의 감자

기업의 손실부분 흡수 및 합리적인 레버리지 수준을 회복하기 위하여 부실 책임이 있는 기존 주주에게 책임을 전가하는 방법

▶ 신규증자를 통한 유동성 확보

신규 주주에게 장부가격보다 할인된 매력적인 가격으로 증자참여를 유도하여 자본금을 증가시키는 방법

▶ 출자전환, 채무탕감 및 이자감면

채무부담을 줄이기 위하여 일부 채무에 대한 출자전환, 채무탕감 및 이자감면을 통해 정상경영 기반 구축을 위한 자본구조를 강화하는 방법. 출자전환 주주에게는 보상적 차원에서 전환사채 또는 우선주 등 차별화된 옵션 등의 인센티브 부여 또는 차별화된 투표권 부여 등 옵션 부여가 가능

▶ 차입금의 상환기간 재조정

단기부채를 장기부채로 전환하는 방법. 기일도래 할부금의 상환 유예

▶ 매출채권의 증권화(자산유동화증권, ABS)를 통한 유동화

추가적인 유동성 확보 및 차입 코스트 절감 효과 발생

▶ 보유 유가증권 매각

유동성 확보 및 부채비율 감소를 목표로 유가증권 매각 후 부채상환

▶ 기업주 사유재산 출연

중소기업에게 있어서 가장 빈번하고 효과적인 재무적 구조조정 방법으로 기업주의 보유재산을 최대한 매각하여 기업에 출자토록 하여 재무적 안정성 보강 및 채권자의 신뢰 상승효과 발생

▶ 대표자 가수금 자본전입

실질적인 현금흐름을 동반하지 않고 자기자본 비율을 높여 자본충실화를 기할 수 있는 방법

▶ 임직원 퇴직금의 출자

재무제표상 부채항목으로 구성된 퇴직금을 출자 권유. 종업원 지주제도를 활용하여 임직원의 자사주 취득·보유 유도. 기업의 임직원에게 자사주 취득을 통하여 회사의 경영과 이익배분에 참여하게 함으로써 공동체 의식 함양 효과 발생 기대

조직상의 구조조정

현대의 기업 구조조정은 특정한 부문에서의 구조조정만으로는 소기의 성과를 거둘 수 없으므로 포트폴리오 구조조정 및 재무적 구조조정과 함께 조직상의 구조조정도 동시에 추진할 필요가 있다.

조직상의 구조조정이란 기업의 기본적인 운영방침이나 조직의 역할 및 경영문화를 변화시키는 것을 의미한다. 이 중에서 가장 중요하게 다루어지는 것이 기업문화이다. 기업문화란 기업 경영전략의 총체

적인 집합으로 이해되는데 기업문화를 통해서 종업원들이 변화의 필요성을 확신하도록 하여 기업의 구조조정이 성공할 수 있도록 협조를 이끌어낼 수 있어야 진정한 구조조정의 성공으로 이어질 수 있다.

기존의 기업조직이 조직의 비대화와 관료화, 전통적 위계의식과 연공서열주의라는 부작용을 안고 있었다면, 앞으로는 핵심역량 중심의 사업구조로 전환하기 위하여는 개인의 역량이 효율적으로 개발되고 발휘될 수 있는 조직구조로 변신이 필요할 수 있다. 이러한 점에서 오늘날 분권형 책임경영체제와 조직의 슬림화는 조직상의 구조조정의 중요한 수단이 되고 있다.

다음은 조직상의 구조조정을 통하여 조직의 효율성을 높일 수 있는 중요한 내용을 정리한 것이다.

▶ 생산적이고 전략적인 기업문화의 수립

적극적이고 긍정적이면서 회사이익과 직결되는 기업문화 수립

▶ 조직의 정비 및 임직원 수의 조정과 함께 최고 경영자의 교체

성과 없는 임직원의 철저한 정리. 경영부실에 대한 책임이 있거나 경영능력이 부족한 최고경영자의 즉각적인 교체. 단순하고 효율적인 조직으로 조직 재편성 및 경쟁력 없는 조직의 통폐합. 인력자원 정책의 변화

▶ 효율적인 시스템의 조직 및 운영

원가절감 및 생산성 향상 프로그램의 추진. 기업 프로세스와 시스

템의 개선. 제품개발의 폭 넓은 수정. 새로운 시장접근 수단 개발

▶ 부실채권 및 자산의 대손처리

회수불능 장기 매출채권 및 미수채권의 대손처리로 투명 경영 확립

▶ 미수채권의 신속한 회수

매출채권, 선급금, 가지급금, 투자유가증권 등의 신속한 회수로 현금흐름 개선

▶ 리스크 관리 강화

기업들의 대외거래의 증가 등으로 환율 및 이자율 리스크에 노출되어 있으므로 위험의 이전 내지는 분산이 필요. 동시에 위험도가 높은 사업부문을 모기업으로부터 분리하여 사업수행

chapter 05

언제 어떻게 얼마에?
기업 매각 전략

주식회사 대박의 최고경영자인 김대박 대표는 최근 회사의 경영난으로 사업을 매각할 것을 고민 중이다. 하지만 사업의 매각을 어떻게 할지에 대해 아무런 지식이 없는 그는 기업 매각과 관련하여 기업인수합병 전문가 김대박 회계사의 조언을 들어 이를 진행할 것을 결정하였다.
회사의 매각을 어떻게 진행하여야 할까?

기업 인수합병 시 기업 매각의 특징

인수합병(M&A)에서 기업 매각의 사유는 기업 구조조정과 정리, 가업승계의 실패, 엑시트(Exit, 투자회수) 등 다양하다. 기업매각 준비 및 절차 진행은 기업 인수합병 준비 및 절차 진행과는 여러 가지 측면에서 상당히 다르다. 인수합병에서의 기업 매각 시의 특징은 다음과 같다.

첫째, 인수합병에서 인수자와 달리 매도자의 경우에는 매각계획이나 사실에 철저히 대외적으로 비공개로 진행하고 비밀리에 믿을 수 있는 인수자를 찾아야 한다. 기업의 성장 발전 계획을 언론에 홍보하는 인수자의 경우에는 기업 인수합병 계획이 자주 뉴스에 공개되기도 하지만 매도기업은 사정상 그렇게 하기 어렵다.

둘째, 매도자는 매각 사실에 대한 비공개를 회사 내에서도 유지하여야 하므로 매도기업의 내부인력을 활용하기가 매우 곤란하여 매각 준비 작업을 진행하는 데 다소 어려움을 겪는 경우가 많다. 통상 매각 기업의 회사 임원에게도 비공개로 진행하는 경우가 많고, 기업 규모가 작아 회사 내부 전문인력이 분리되어 있지 않은 경우도 많다.

셋째, 대체로 인수자 측에 비하여 매도자 기업의 규모는 상대적으로 작고 대개 인수기업은 인수합병의 검토 및 실행의 경험을 가지고 있는 경우가 많다. 이에 비해 매도자는 인수합병 경험이 처음인 경우가 거의 대부분이다.

이러한 이유들로 매도자의 경우 충분한 사전준비와 전문인력의 지원을 받지 못할 경우 거래 전반에 걸쳐 불리할 수밖에 없다. 불충분한 사전준비와 검토는 매각협상에서 불리한 거래조건의 결과를 낳거나 합리적인 근거가 없는 주먹구구식 주장으로 거래를 깨뜨리는 결과를 야기할 수 있다.

매도자의 조심스런 상황을 감안하면 비밀리에 인수능력과 인수의사를 검증하여 신뢰할 수 있는 인수후보자를 선별하여 신뢰성 있는 절차에 의하여 거래를 진행하여야 하는데 이러한 인수자 선별과정을 제대로 수행하지 못할 경우 거래를 성공시키지도 못하고 회사의 주요한 기밀정보만 공개되는 위험에 처하게 된다.

기업 인수합병 시 매도절차

기업 매각과정을 살펴보면 부동산 등 자산의 매각과 달리 다양한 전문가 및 기관들의 조력을 받아야 한다는 것을 알 수 있다.

1. 매각 의사결정

사업구조조정, 자금확보 등 여러 가지 사유로 매도자는 기업을 매각하기로 결정한다. 이 단계에서 매도자는 매각절차에 대하여 정보를 습득하고 매각자문을 의뢰할 곳을 찾게 된다. 매각자문을 의뢰할 전문회사는 전문성과 신뢰성을 기준으로 찾아야 한다.

2. 매각 전략수립

매도자는 협력인력을 확보하고 기업가치와 매각가격의 산정, 매각조건, 기간 등을 포함하는 협상 전략을 수립하여야 한다. 되도록 준비단계에서부터 인수합병 전문가의 조언을 듣고 진행하는 것이 보다 유리하다. 이 단계에서 중요한 것은 충분한 사전준비이며, 매각과정에서도 절대 조급해서는 안 된다. 기업 매각까지 걸리는 시간은 자문의뢰에서부터 종결까지 빨라도 2개월 내외이고 통상은 6개월 정도 시간이 걸리며 심지어 1년이 넘는 경우도 종종 있다.

매각기업가치의 산정은 DCF(Discounted Cash Flow)법 등 다양하지만 실제 가격은 계산된 매각기업가치를 참고는 하되 그대로 결정되지는 않는다. 그 이유는 가치와 가격이 다르기 때문이다. 가치나 가격 산정은 모두 전문적인 지식이 필요하며, 가치계산은 회계법인이나 전문 인수합병 자문회사에서 진행한다. 가격산정 또한 매각자문을 의뢰받은 회계법인이나 인수합병 자문회사의 인수합병 전문가가 수행하게 된다.

3. M&A기업 인수후보자 선별

기업분석, 시장 및 산업분석 등을 통하여 선별하는 작업이 매우 중요하며, 이 과정을 통하여 예상인수 후보자 목록을 작성한다. 만일 이 과정에서 보다 전문성과 신뢰성 있게 업무를 수행하지 못하는 경우에는 인수능력과 인수의지가 불확실한 부적합한 인수후보자를 만나게 되어 인수협상 과정 내내 기업 내부 비밀정보의 노출위험과 실현가능성이 희박한 거래에 끌려 다니다가 지치고 만다. 따라서 주로 매각자문회사가 이러한 위험을 고려하여 선별작업을 수행하게 된다.

4. 인수자 접촉 및 협상

① 티저 메모(Teaser Memo, 간략 매각 안내서)의 제시

철저한 선별 과정을 거쳐 인수자 후보군이 작성되면 매각기업을 알

수 없도록 하되 매도기업의 특징을 담은 개략적인 회사의 요약자료를 인수자후보에 송부한다. 자료의 정보량은 기업상황에 따라 결정하되 사전에 분석한 인수기업의 인수요구사항을 감안하여 적절히 인수의 향을 이끌어낼 수 있도록 작성하여야 한다. 매각자문회사의 주요업무 이다.

② 비밀유지약정(NDA, Non Disclose Agreement) 체결
간혹 인수자는 NDA 없이 무리하게 매도기업의 정보를 요구하는 경우가 있다. 반드시 비밀유지약정을 체결하고 정보를 제공하여야 한다. 한편 일반적인 비밀유지약정서 샘플을 그대로 사용하기 부적합한 경우가 있으므로 인수합병 사례에 맞도록 이를 수정, 검토하여 작성하거나 처음부터 계약전문가에게 도움을 받아 진행하는 것이 좋다.

③ 상세매각안내서 제출
이 단계에서야 회사명과 브랜드명을 인수자에게 공개하고 구체적인 상황에 따라 좀 더 상세하고 적절한 자료를 인수자 측에 제공하게 된다. 이 단계에서부터 기업의 영업비밀, 기술비밀 등이 제공될 수 있으므로 인수합병 법률전문가의 조언도 함께 받아 진행하는 게 좋다.

④ 인수의향서(LOI, Letter of interest) 접수
인수자는 검토 중인 매각기업이 자신이 찾고 있는 기업이라고 판단되면 매도자에게 인수의향서를 제출한다.

⑤ 기초실사(Due diligence) 진행

기업인수자는 인수가격제시 등을 위한 실사를 주로 서면자료 등을 토대로 진행한다.

⑥ 최종 제안서 접수

기업인수자는 가격 등을 포함하는 인수합병 최종제안서를 매도자에게 제시하고 매도자는 이를 검토한다.

⑦ MOU(투자의향서, 양해각서) 체결

매각기업은 가장 좋은 조건을 제시한 인수자를 우선협상대상자로 정하고 향후 인수합병 일정 등의 내용을 담은 MOU(Memorandum of Understanding, 양해각서)를 체결한다.

⑧ 정밀(상세)실사

실사는 인수자 측에서는 거의 필수적으로 행해지며 재무상황, 경영상황을 포함한 재무회계(실사기관은 회계법인)와 법률 리스크(실사기관은 법무법인)의 정밀실사를 진행하여 이를 토대로 최종 협상가격을 도출한다. 거래 규모가 작은 경우 간혹 실사를 생략하는 경우도 있는데 인수할 회사를 자기 회사처럼 잘 아는 경우나 간단하고 매우 투명한 회사라 달리 실사할 필요가 없을 경우가 아닌 한 협상 시 조율에 있어서 상당한 애로를 겪는 경우가 많다. 실사를 통해 객관적으로 밝혀진 것이 없어 서로의 주장만 난무하여 상대방에 대한 합리적 설득이 어려운 경우가 쉽게 발생하기 때문이다.

매도자 측에서는 매각자문회사가 회계법인 및 법무법인과 협력하여 인수자 실사에 대한 대응을 하는 것이 보통이다. 매각자문회사는 과정전반에 걸쳐서 조언을 제공하지만 인수자 측의 회계법인과 법무법인의 관여가 있는 경우에는 이에 대응할 수 있도록 매도자를 위한 회계법인과 법무법인의 선임을 매도자에게 요청하기도 한다.

⑨ 협상

정밀(상세)실사를 통하여 밝혀진 매각회사 상황을 토대로 구체적이고 확정적인 거래조건에 관하여 양측이 협상을 진행하게 된다. 이 과정이 가장 중요한 단계이다. 거래를 하느냐 마느냐의 문제는 이미 그전 단계에서 사실상 결정되지만 정밀실사를 하면 반드시 매도기업의 재무상황, 경영상황, 법률리스크에서 가격변동의 요소가 발견되며 이는 거래성사에 결정적인 장애사유가 되는 것이 보통이다.

매각의 전 과정에 있어 성공적인 거래를 위해서는 기업매각자문회사는 재무회계, 투자, 법률, 경영전반에 관한 전문지식이 필요하며 특히 협상과정에서는 더더욱 그러하다. 거래에 관여한 인수자와 전문가(양측의 회계법인과 법무법인 등)를 컨트롤할 수 있고 대안을 제시할 수 있어야 하기 때문이다. 거래를 진행하다 보면 갖가지 암초를 만나는데 그 모든 암초들을 컨트롤할 수 있어야 인수합병을 무사히 성공하게 된다.

따라서 기업 매각을 진행할 때 전문자문기관을 선정해야 한다면 단순히 거래를 연결만 해주는 것으로는 좋은 성과가 나오기 힘들기 때문에 재무회계, 투자, 법률, 경영전반에 관한 전문지식을 가진 인수합병 자문기관을 선정하는 것이 필요할 것이다.

5. 본 계약체결 및 클로징

무사히 협상을 마쳤으면 합의된 내용에 따라 계약서를 작성한다. 통상 실사를 통하여 밝혀진 내용에 따른 인수가격과 최종 거래조건이 결정되고 이를 반영하여 본 계약을 체결하고 계약상의 이행조건을 실행히여 거래를 종결시킨다.

한편 기업 인수합병 과정에서의 모든 문서들은 각 사례별로 꽤 다를 수 있으므로 샘플들을 구해서 사용하는 경우에는 반드시 구체적인 거래 사안에 적합하도록 수정하여 사용하여야 한다. 특히 인수합병 계약서의 경우 샘플계약서는 전혀 의미가 없으며 이를 그대로 사용하는 경우에는 오히려 사안에 부적합한 독소조항을 간직한 불리하고 불확실한 계약을 체결할 수도 있다. 모든 인수합병 관련 문서들은 사안에 적합하고 의뢰인의 요구사항을 반영한 구체적 적합성이 있도록 작성되어야 하므로 계약전문가의 조언을 받아 작성하는 게 필요하다.

일반적으로는 위와 같은 기업인수합병 절차를 가지나 규모, 매각기업의 상황, 인수자의 상황, 상호신뢰성과 이해의 정도 등에 따라 일정 과정을 생략하는 경우도 많다.

특히 소규모 거래에서는 인식부족이나 비용상의 문제로 과정을 생략하고 거래를 진행하는 경우가 많다. 운이 좋다면 이러한 거래가 현실에서 큰 문제가 발생하지는 않겠지만 상당한 위험이 존재할 수 있다.

중소벤처기업으로서는 기업 인수합병과 관련하여 발생하는 많은 자문비용이 부담스러울 수 있다. 일정한 요건에 해당하는 중소벤처기업은 중소기업청에서 제공하는 중소, 벤처기업 M&A 활성화사업에 대한 공고를 참고하여 인수합병 자문비용의 일정비율을 정부로부터 지원받을 수 있다.

인수합병의 매도자 또는 인수자 어느 한 측이 중소기업법상 중소기업인 경우 경영권이전을 수반하는 기업투자와 기업인수합병의 사안에 대하여 중기청이 지정하는 인수합병 중개기관이 중개자문이나 재무회계자문 또는 법률자문 등을 담당하는 경우에는 자문료의 70% 범위에서 최대 2,000만 원까지 지원한다.

중소벤처기업부에서 운영하는 M&A 거래정보망(www.mna.go.kr)에서는 기업 정보와 세무 및 법률 정보를 제공하고 있다.

chapter 06

정리해고,
어떻게 해야 할까?

IT업계의 신흥강자 주식회사 대박의 김대박 대표는 일류 기업 초대박 주식회사로부터 합병 제안을 받았다. 합병 조건은 매우 좋았는데 최대 고민거리는 대박 인력의 50%를 감축하여야 성공적인 합병을 이룰 수 있다는 점이었다. 김대박 대표는 한꺼번에 많은 인력을 법적 분쟁 없이 성공적으로 정리해고하는 방법이 궁금하였다.

사업장 구조 변경(기업 합병·분할, 영업 양도, 사업 축소 등) 시 가장 놓치기 쉬운 부분이 인력조정이다. 흔히 정리해고는 대기업만의 일이 라고 사업주들은 생각한다. 그러나 작은 사업장이라 하더라도 일시에 근로자의 인원수를 줄이기 위해 집단 해고를 할 경우 근로기준법 제

24조의 정리해고 절차를 반드시 거쳐야 한다. 정리해고의 요건으로는 크게 긴박한 경영상의 필요성, 해고회피의 노력, 해고대상자 선정의 객관성 및 공정성 그리고 근로자 대표와의 성실한 협의가 있어야 한다.

정리해고의 필수적 요건

'긴박한 경영상의 필요성'이란 기업의 도산 회피를 위한 경우뿐만 아니라 도산 단계까지는 아니지만 '인원삭감이 객관적으로 보아 합리성이 있다고 '인정될 때(대법원 1991.12.10. 선고 91다8647 판결 참조)'도 인정한다. 더 나아가 장래에 올 수 있는 위기에 미리 대처하기 위한 인원삭감(대법원 2002.7.9. 선고 2001다29452 판결 참조)까지도 정리해고의 사유로 인정되고 있다. 구체적으로 기업의 합병·분할, 영업양도, 작업 부서의 폐지 및 직제개편 등이 긴박한 경영상의 필요성을 인정받을 수 있는 예이다.

사업주는 정리해고를 하기 전 해고회피를 위한 노력을 반드시 해야 한다. 예를 들어 작업방식의 과학화, 배치전환, 신규채용의 중지, 계약직의 연장 계약 중단 등이 있다. 또한 해고 대상자를 선정할 경우 구체적이고 객관적인 기준에 의해야 한다. 사업장의 상황마다 기준은 달라질 수 있으나 이때 특별히 주의할 점은 합리적인 이유 없이 남녀를 차별하여 해고대상자를 선정할 경우 근로기준법 제24조 제2항에 위반된다.

사업주는 해고를 피하기 위한 방법과 해고의 기준 등에 대해 사업장 내에 근로자 대표와 정리해고를 실시하려는 날의 50일 전까지 이를 통보하고, 성실히 정리해고의 기준 등을 협의하여야 한다. 협의의 상대방인 '근로자 대표'는 사업장에 근로자의 과반수로 조직된 노동조합이 있는 경우에는 그 노동조합, 근로자의 과반수로 조직된 노동조합이 없는 경우에는 근로자의 과반수를 대표하는 자를 의미한다. 이때 주의할 점은 사업주는 근로자 대표와 정리해고에 대해 '협의'를 하면 되고, 반드시 정리해고 사유나 기준 등에 대해 '합의'에 도달할 필요는 없다.

인원 대량 구조조정의 경우 고용노동부 장관에 신고

참고로 1개월 동안 대규모 인원에 대하여 정리해고를 실시할 예정이면 사업장에서는 최초로 해고하려는 날의 30일 전까지 고용노동부 장관에 정리해고를 신고하여야 한다. 신고 규모는 아래와 같다.

고용노동부장관에게 신고할 정리해고의 규모
- 상시 근로자수 99인 이하인 사업장 : 1개월 동안 10인 이상을 해고할 경우
- 상시 근로자수 100인 이상 999인 이하 사업장 : 1개월 동안 10% 이상을 해고할 경우
- 상시 근로자수 1,000인 이상인 사업장 : 1개월 동안 100인 이상을 해고할 경우

이때 주의할 점은 해당 인원을 해고할 경우 고용노동부장관에게 신고할 의무가 발생하고, 만일 정리해고의 협의 과정에서 '권고사직'으로 처리된 근로자가 있는 경우 이는 해고가 아니므로 위의 해고 인원 산정에는 포함되지 않는다.

chapter 07

체당금으로 미지급 임금을
보전해준다

배추 납품업체에서 일하던 나고용은 회사의 경영 악화로 3개월째 임금을 받지 못하고 있었다. 어느 날 대표인 김대박은 더 이상 회사를 유지할 수 없다고 하면서 어떻게든 미지급한 임금과 퇴직금을 해결해주겠다면서 체당금 제도를 언급하였다. 과연 체당금으로 나고용은 얼마나 미지급된 임금을 보전받을 수 있을까?

사업이 어려워질 때 1차적으로 거래처에 외상이 발생하고, 그 다음으로는 공과금이 미납되며, 마지막으로 근로자들의 임금을 지급하지 못하게 된다.

사업주를 믿고 의지하던 근로자는 몇 개월 임금이 밀리면 결국 사업장을 떠나게 되고, 사업은 가동을 중단하게 된다. 그러나 이미 사실상 폐업한 사업장에서 더 이상 금전적 재원이 남아있지 않아 결국 사업주는 사업이 망가졌다는 상실감과 함께 임금체불 사업주라는 사회적 비난을 함께 받는 등 심적으로 큰 고통을 받게 된다.

임금체불의 해결 방안, 체당금 제도 활용

이런 경우 사업주의 적극적인 협조를 통해 근로자들이 미지급 임금 등의 일정액을 보장받을 수 있는 방안으로 체당금 제도가 있다. 체당금 제도는 근로자들의 신청을 통해 노동청에서 가동을 중단한 회사가 사실상 도산이 되었다고 확인받아 근로복지공단을 통해 최종 근로자들에게 3개월분의 미지급 임금, 3개월분의 휴업수당 및 3년분의 퇴직금을 지급받을 수 있도록 하는 제도이다. 체당금 제도를 활용하려면 사업주의 적극적인 협조가 필요하다.

사업주가 비록 직접 임금 등을 근로자에게 지급할 수 없다 하더라도 체당금을 근로자들에게 지급받을 수 있도록 노동청 자료 제출에 적극 협조한다면 사업주에게 제기한 임금체불 진정을 보다 원만하게 취하받을 수 있을 뿐 아니라 국가의 기금을 통해 근로자의 생활 안정에 도움을 줄 수 있다.

다만 유의사항은 근로자들에게 체당금이 지급되었다 하더라도 사업주의 임금채무가 소멸되지는 않는다는 사실이다. 즉, 근로자들이 기존에 보유하던 임금채권은 체당금을 지급한 근로복지공단으로 양도

되어 추후 근로복지공단이 근로자에게 지급한 체당금 한도만큼 직접 체불된 임금 등을 사업주에게 청구할 수 있다.

체당금 지급 기준 및 체당금 지급 절차

체당금의 월별 상한액은 다음과 같이 정해져 있으며, 상한액은 관계 법령의 개정으로 변경될 수 있다.

구분	만 30세 미만	만 40세 미만	만 50세 미만	만 60세 미만	만 60세 이상
임금	180만 원	260만 원	300만 원	280만 원	210만 원
퇴직금	180만 원	260만 원	300만 원	280만 원	210만 원
휴업수당	126만 원	182만 원	210만 원	196만 원	147만 원

체당금의 지급 절차

관할 노동청 임금체불 진정 → 사실상 도산인정 신청 → 근로복지공단 체당금 신청 → 신청자 통장 입금

(도산 인정 신청은 신청자가 퇴사한 후 1년 이내 해야 한다.)

chapter 08

동업 분쟁,
동업을 종결하는 방법

김대박과 나창업은 동업 관계이다. 김대박은 사업자금을 내고 나창업은 사업을 운영하기로 했는데, 김대박이 출자한 사업자금을 나창업이 김대박의 허락 없이 마음대로 사용하는 것이 문제가 될까?

동업관계가 조합인 경우 횡령죄의 책임

동업은 조합에 해당하는데, 이러한 조합의 재산은 조합원의 합유에 속하기 때문에 조합원 중 한 사람이 조합재산을 임의로 소비하였다면 횡령죄에 해당한다.

내부적으로는 조합관계에 있지만, 대외적으로는 조합관계가 드러나지 않는 것을 '내적 조합'이라 하는데, 내적 조합의 경우에도 조합원 중 한 사람이 조합재산을 임의로 사용하면 횡령죄가 성립한다.

동업관계가 익명조합인 경우 횡령죄가 안 됨

한편, 조합 또는 내적 조합과 달리 상법은 1인이 상대방의 영업을 위하여 출자하고, 상대방은 그 영업으로 인한 이익을 분배할 것을 약정하는 익명조합을 인정하고 있는데(상법 제78조), 이러한 익명조합의 경우 출자한 익명조합원은 영업에 관여하지 못하고 대외적으로 권리 의무가 없는 것이 원칙이다.

그렇기에 "익명조합의 경우에는 익명조합원이 영업을 위하여 출자한 금전 기타의 재산은 상대편인 영업자의 재산이 되므로 영업자는 타인의 재물을 보관하는 자의 지위에 있지 않고, 따라서 영업자가 영업이익금 등을 임의로 소비하였더라도 횡령죄가 성립할 수는 없다(대법원 2011. 11. 24. 선고 2010도5014 판결)."는 것이 판례이다.

조합과 익명조합의 구별

어떠한 법률관계가 내적 조합에 해당하는지 아니면 익명조합에 해당하는지는, "당사자들의 내부관계에 공동사업이 있는지, 조합원이 업무검사권 등을 가지고 조합의 업무에 관여하였는지, 재산의 처분 또는 변경에 전원의 동의가 필요한지 등을 모두 종합하여 판단하여야 한다(대법원 2011. 11. 24. 선고 2010도5014 판결)."는 것이 판례이다.

따라서 김대박이 업무감시권 등에 근거하여 업무집행에 관여한 사실이 없고, 사업이 전적으로 나창업에 의하여 운영되고 있으며, 단지 김대박은 영업결과에 따른 이익만을 분배받는 상황이라면, 김대박이 출자한 자금이라고 하더라도 이는 나창업의 소유가 되어 나창업이 임의로 사용하더라도 횡령죄에 해당하지 않는다.

> 김대박은 사업자금을 내고, 나창업은 사업을 경영하기로 하고 주식회사 대박을 설립했는데, 주식회사 대박의 사업이 어려워져 나창업이 잠적하였고, 주식회사 대박의 채권자들이 김대박에 대하여 변제를 요구하고 있다. 김대박이 회사 채권자들에 대하여 책임을 져야 할까?

익명조합인 경우 책임을 지지 않는 것이 원칙

김대박과 나창업의 동업관계가 민법상 조합에 해당하는 경우 조합원은 조합의 제3자에 대한 채무를 그 손실비율에 따라 분담하여야 한다(민법 제712조). 그러나 익명조합에 해당하는 경우 출자를 한 익명조합원은 제3자에 대하여 권리나 의무가 없기 때문에(상법 제80조) 회사 채권자들에 대하여 책임을 지지 않아도 된다.

익명조합이라 하더라도 책임을 지는 예외적인 경우

그런데 단순히 출자만을 한 익명조합원인 경우에도 자기의 성명을 영업자의 상호 중에 사용하게 하거나 자기 상호를 영업자의 상호로 사용할 것을 허락한 때에는 그 사용 이후의 채무에 대하여는 영업자와 연대하여 변제할 책임이 있다(상법 제81조).

김대박은 동업자인 나창업과 마음이 맞지 않아 동업관계를 그만두고 싶어 한다. 어떻게 동업을 끝내야 할까?

조합관계에서 벗어나는 방법

2인 이상이 금전 기타 재산 또는 노무를 상호출자하여 공동사업을 경영할 것을 약정한 경우 조합에 해당되는데(민법 제703조), 조합관계에서 벗어나는 방법으로는 탈퇴와 해산이 있다.

탈퇴는 기존 조합관계는 그대로 두고 탈퇴자만 조합관계에서 빠져나오는 것이고, 해산은 조합관계를 모두 종료시키는 것이다.

조합관계에서 탈퇴

탈퇴는 조합원의 의사에 의한 임의탈퇴와 일정한 사유가 발생하면 탈퇴의 효과가 발생하는 비임의 탈퇴가 있는데 조합원의 사망, 파산, 성년후견의 개시, 제명의 사유가 발생하면 그 조합원은 조합관계에서 탈퇴된다(민법 제717조).

조합계약으로 조합의 존속기간을 정하지 아니하거나 조합원의 종신까지 존속할 것을 정한 때에는 언제든지 탈퇴할 수 있고, 조합의 존속기간을 정한 때에도 조합원은 부득이한 사유가 있으면 탈퇴할 수 있다(민법 제716조).

조합관계의 해산

또한 부득이한 사유가 있는 때에는 각 조합원은 조합의 해산을 청구할 수 있다(민법 제720조). 따라서 김대박은 부득이한 사유가 있음을 이유로 조합에서 탈퇴하거나, 해산을 청구하는 방법으로 동업관계를 종료시킬 수 있다.

조합에서 탈퇴하는 경우 탈퇴자는 동업자 사이에 정해진 손익분배 비율에 상응하는 지분비율에 해당하는 금액을 금전으로 반환받게 되며, 조합이 해산되는 경우 그 청산금에서 손익분배 비율에 상응하는 지분비율에 해당하는 금원을 정산받게 된다.

chapter 09

산업재산권의 공동 소유와 양도

김대박은 승용차의 실내 바닥에 까는 자동차 매트를 개발하여 판매를 시작하였다. 김대박의 자동차 매트는 먼지가 잘 나지 않고 세척이 용이해 많은 인기를 끌게 되었다. 그런데 어느 날 나경쟁으로부터 특허침해를 이유로 자동차 매트를 판매하지 말라는 경고장을 받았다. 알아보니 나경쟁이 받은 특허권은 김대박이 제조하는 자동차 매트와 유사한 기능과 구조를 가지고 있었지만, 나경쟁은 특허권만 획득했을 뿐 실제로 제품을 제조 판매하고 있지 않았다. 이에 김대박은 자신의 제품을 계속적으로 판매하기 위하여 나경쟁의 특허를 사고 싶었는데, 타인의 특허권을 넘겨받는 것이 가능한 것인지 궁금했다.

산업재산권의 양도

산업재산권은 무체재산권(지적 창조물을 독점적으로 이용하는 권리)으로서 출원 상태뿐만 아니라 등록된 상태에서도 부동산처럼 자유롭게 양도가 가능하다. 양도의 원인으로 증여, 교환, 신탁 등도 있겠지만 매매가 일반적이다. 또한 산업재산권은 권리자가 사망한 경우 상속도 가능하다.

이러한 산업재산권의 양도는 특허등록원부에 공시 등록되어야 하며, 등록해야만 이전의 효과가 발생한다. 따라서 양도가 이뤄진 경우 관련 증명서류와 함께 지체없이 이전등록신청서를 특허청에 제출해야 한다.

산업재산권의 공동 소유

한편 산업재산권은 여러 사람이 공동으로 소유할 수도 있으며, 공동으로 소유하게 되는 경우 각 소유자별 소유지분을 다르게 설정할 수도 있다. 산업재산권의 권리자는 개인 또는 법인이 주체가 되므로, 개인이나 법인의 단독소유, 여러 개인의 공동소유, 여러 법인의 공동소유, 여러 개인과 법인의 공동소유 등 다양한 형태로 소유관계가 나타날 수 있다. 당연히 단독으로 소유하다가 여러 사람이 함께 공유하는 형태로도 변경이 가능하고, 여러 사람이 공유하다가 어느 한 사람의 단독소유로 변경하는 것도 가능하다.

앞의 예에서 김대박은 나경쟁의 특허권을 돈을 주고 사서 단독 소유할 수도 있고, 나경쟁의 특허권의 지분을 넘겨받아 나경쟁과 함께 공동으로 소유하는 것도 가능하다.

실시권의 설정

한편 김대박은 특허권을 양도받는 대신에 나경쟁의 특허권을 실시할 수 있는 실시권을 설정받음으로써 자신의 제품을 계속 제조 판매하는 것도 가능하다.

실시권이란 해당 산업재산권의 권리자 이외의 자가 해당 산업재산권의 내용(특허, 디자인, 상표)을 실시할 수 있는 권리로서, 실시권을 설정하는 경우 해당 산업재산권의 소유 관계가 변경되지 않는 대신에, 실시의 허락을 받은 사람은 정당하게 해당 특허, 디자인, 상표 등을 실시 또는 사용할 수 있다.

chapter 10

회생절차를 통해
재기의 발판을 마련하라

김대박은 주식회사 대박의 채무를 모두 변제하기 어려워 채무를 일부 변제하고 일부 감면받는 회생절차를 진행하려고 한다. 회생절차는 어떻게 진행되나?

회생절차의 목적

회생절차는 재정적 어려움으로 인하여 파탄에 직면해 있는 채무자에 대하여 채권자, 주주, 지분권자 등 이해관계인의 법률관계를 조정하여 채무자 또는 그 사업의 효율적인 회생을 도모하는 것을 목적으로 하는 제도이다(채무자회생및파산에 관한 법률 제1조). 재정적 어려움에 처한 채무자의 경우에 경제적으로 회생시킬 가치가 있는 데도 불구하고 회생할 수 있는 기회를 주지도 않고 바로 파산절차를 거치도록 한다면 사회경제적인 손실이 클 뿐 아니라 채권자 기타의 이해관계인에게도 손해가 되는 수가 많다.

이와 같은 점을 고려하여 비록 채무자가 현 시점에서 재정적인 파탄에 직면하고 있다 하여도 원칙적으로 채무자의 사업을 계속할 때의 가치가 채무자의 사업을 청산할 때의 가치보다 크다고 인정되는 때에 법원의 감독 아래 채권자, 주주, 지분권자 등 이해관계인의 법률관계를 조정하여 채무자 또는 그 사업을 회생시키고자 하는 것이 회생절차의 목적이다.

회생절차가 개시되면 개별채권자의 가압류·가처분·강제집행, 담보권 실행 및 주주·지분권자의 조직법적·사단적 활동을 제한·금지시켜 개별 행동에서 오는 혼란과 비효율을 피한다. 그러면서 채무자나 채무자의 관리인 등은 질서정연하게 채무자의 재산상태 및 기업가치를 조사·정리한 후 이를 토대로 회생계획안을 작성·제출하여 인가받은 다음 그 회생계획을 수행하는 과정을 거치게 된다.

회생절차에서는 담보권 행사가 제한 또는 금지

파산절차와 비교하여 회생절차의 특이점은 담보권 행사가 제한 또는 금지된다는 것이다. 파산절차에서는 담보권자는 별제권자로 인정되어 파산절차의 제약을 받지 아니하게 되지만, 회생절차에서는 채무자의 재산, 특히 업무용 재산에 설정된 담보권이 실행되면 채무자의 재건을 기대할 수 없기 때문에 담보권자의 권리행사를 제한하거나 금지시킨다.

회생신청을 할 수 있는 경우

채무자는 다음의 경우에 회생절차개시 신청을 할 수 있다.

① 사업의 계속에 현저한 지장을 초래하지 아니하고는 변제기에 있는 채무를 변제할 수 없는 경우
② 채무자에게 파산의 원인인 사실이 생길 염려가 있는 경우

위 두 가지의 사실이 있는 경우에는 채무자 이외에도 일정액 이상의 채권을 가지는 채권자 또는 일정한 비율 이상의 주식 또는 출자지분을 가지는 주주·지분권자도 회생절차개시 신청을 할 수 있다(채무자회생및파산에 관한 법률 제34조).

포괄적 금지명령신청

회생절차개시 신청을 하면서 회생절차 개시결정 전에 재산적 권리의 실현행위를 금지함으로써 채무자 재산의 산일을 방지할 필요가 있어 채권자들의 권리행사를 막기 위한 포괄적 금지명령을 신청할 수 있다(채무자회생및파산에 관한 법률 제45조).

회생절차개시 결정 후 후속조치

회생절차개시 결정 이후에는 회생계획안의 작성을 위한 전제로서 관리인에 의한 회생채권자, 회생담보권자, 주주·지분권자의 목록 제출과 회생채권, 회생담보권, 주식·출자지분의 신고 및 조사·확정의 절차가 뒤따르게 된다.

그 이후 채무자의 부채, 자산의 조사 등의 절차를 거친 다음 채무자의 사업을 계속할 때의 가치가 채무자의 사업을 청산할 때의 가치보다 크다고 인정하는 때 법원은 제1회 관계인집회의 기일 또는 그 후 관리인에게 사업의 계속을 내용으로 하는 회생계획안의 제출을 명하여야 하고, 관리인은 이에 따라 회생계획안을 법원에 제출한다.

회생계획안 가결 요건

회생계획안에 대하여 관계인집회에서 결의에 부치게 되는데, 회생채권자 조, 회생담보권자 조, 주주·지분권자 조로 나눈다. 회생채권자 조는 회생채권자 의결권의 총액 3분의 2 이상에 해당하는 의결권을 가진 자의 동의가 있어야 하고, 회생담보권자 조는 청산이나 영업양도를 내용으로 하는 회생계획안의 경우는 회생담보권자 의결권 총액의 5분의 4 이상, 그 외의 회생계획안은 회생담보권자 의결권 총액의 4분의 3 이상의 동의가 있어야 하며, 주주·지분권자 조는 의결권 총수의 2분의 1 이상의 동의가 있어야 가결된다(채무자회생및파산에 관한 법률 제237조).

회생절차는 보증인에게는 영향이 없음

회생계획은 회생채권자 또는 회생담보권자가 회생절차가 개시된 채무자의 보증인에 대하여 가지는 권리에 대해 영향을 미치지 않는다. 따라서 채무자의 보증인에 대하여는 회생 여부와 관계 없이 그 채무 전액의 이행을 구할 수 있다(채무자회생및파산에 관한 법률 제250조 제2항).

그러므로 대표이사 등이 회사의 채무에 대하여 보증을 한 경우 회사만 회생절차를 진행할 것이 아니라 그 보증인인 대표이사도 별도로 회생절차를 진행할 필요가 있다.

chapter 11

기업의 해산과 청산 과정을
알아보자

주식회사 대박를 운영하고 있는 김대박 대표는 해당 사업을 그만하려고 한다. 이에 주식회사 대박를 정리하는 방법을 알고자 법무사 임준표에게 상담을 요청하였다.

일반적인 해산 및 청산절차

주식회사 해산

주식회사의 해산이란 회사의 법인격의 소멸을 가져오는 원인으로 회사의 소멸을 위한 절차의 시작이다. 주식회사가 해산을 하더라도 법인으로서의 실체가 즉시 소멸하는 것은 아니고 해산에 의하여 청산에 들어가게 되며, 청산의 목적 범위 내에서는 여전히 법인격이 존속하며 청산이 종결됨으로써 비로소 회사의 법인격은 소멸된다.

절차

회사가 해산한 경우에는 청산사무의 집행을 위한 청산인 선임등기를 해야 한다. 해산으로 인한 청산인 선임등기보다 해산등기 신청이 앞서야 하나 실무상 해산등기와 청산인 선임등기를 동시에 신청하고 있다. 회사는 해산에 의하여 그 본래의 목적인 영업을 할 수 없게 되지만, 이것에 의하여 곧 법인격이 소멸되는 것은 아니고, 다만 회사 본래의 사업활동은 정지되지만 그때까지의 법률관계는 존재하므로 그 사후처리가 필요하다. 이 사후처리를 청산이라고 하며 합병·분할·분할합병과 파산의 경우를 제외하고는 회사는 해산에 의하여 당연히 청산절차에 들어가고 그 절차가 종료되어야 비로소 그 법인격이 완전히 소멸되는 것이다. 따라서 해산등기 및 청산인선임등기 이후 2개월간 2회 이상 채권자 채무자에 대한 청산공고 후 청산종결등기의 절차를 마쳐야 완전한 회사의 해산절차가 종료하게 된다.

실무적인 절차

실무에서는 소규모 회사인 경우에는 해산, 청산절차를 거치지 않고 그냥 담당 세무사를 통해서 해당 사업자만 폐업신고를 하고 등기는 그대로 방치하는 경우가 많다.

물론 회사의 이해관계가 복잡하거나 규모가 있는 회사인 경우에는 상기 언급한 해산, 청산절차를 거쳐서 해당 회사를 정리해야 한다.

등기를 하지 않고 그대로 5년 이상을 그냥 두면 법원에서 휴면법인으로 해산간주된 법인으로 처리된다. 그리고 해산간주 후 3년이 경과한 때에 청산이 종결된 것으로 본다.

회사에서 이사의 임기는 원칙적으로 3년을 초과할 수 없고 예외적으로 정관규정에 의하여 그 임기 중의 최종의 결산기에 관한 정기주주총회의 종결에 이르기까지 그 임기가 연장된다고 하더라도 이사의 임기는 최장 3년 3개월을 넘을 수는 없다.

따라서 정상적으로 영업활동을 하고 있는 주식회사는 적어도 3년 3개월마다 한번은 임원 변경등기를 할 수밖에 없다. 실제로 장기간에 걸쳐서 어떤 등기도 하지 않는 회사는 영업을 하고 있지 않고, 실질적으로는 해산하였을 개연성이 크다.

이러한 사유로 법원행정처장이 최후의 등기 후 5년을 경과한 회사에 대해 본점의 소재지를 관할하는 법원에 아직 영업을 폐지하지 아니하였다는 뜻의 신고를 할 것을 관보로써 공고하고, 그 공고한 날에 이미 최후의 등기 후 5년을 경과한 회사로서 공고한 날로부터 2월 이내에 대통령령이 정하는 바에 의하여 영업을 계속하고 있다는 신고를 하지 않으면 그 신고기간이 만료된 때에 해산된 것으로 간주한다.

결국은 상법 제250조 21항은 5년 이상 법인등기부상에 아무런 등기 기재사항에 변동이 없었다는 것은 회사를 운영하고 있지 않은 것으로 간주하고 법률행위를 제한하게 된다.

이렇게 '해산간주'가 등기부에 기입되는 순간부터 법인 인감증명서도 발급이 되지 않는다.

상법 제520조의 2(휴면회사의 해산)

① 법원행정처장이 최후의 등기 후 5년을 경과한 회사는 본점의 소재지를 관할하는 법원에 아직 영업을 폐지하지 아니하였다는 뜻의 신고를 할 것을 관보로써 공고한 경우에, 그 공고한 날에 이미 최후의 등기 후 5년을 경과한 회사로써 공고한 날로부터 2월 이내에 대통령령이 정하는 바에 의하여 신고를 하지 아니한 때에는 그 회사는 그 신고기간이 만료된 때에 해산한 것으로 본다. 그러나 그 기간 내에 등기를 한 회사에 대하여는 그러하지 아니한다.
② 제1항의 공고가 있는 때에는 법원은 해당 회사에 대하여 그 공고가 있었다는 뜻의 통지를 발송하여야 한다.
③ 제1항의 규정에 의하여 해산한 것으로 본 회사는 그 후 3년 이내에는 제434조의 결의에 의하여 회사를 계속할 수 있다.
④ 제1항의 규정에 의하여 해산한 것으로 본 회사가 제3항의 규정에 의하여 회사를 계속하지 아니한 경우에는 그 회사는 그 3년이 경과한 때에 청산이 종결된 것으로 본다.

법인등기부에서 해산간주 기재를 말소하는 방법

법인등기부에서 해산간주 기재를 말소한다는 것은 그 법인으로 계속 영업활동을 하고자 하는 것이므로 회사 계속등기를 해야 한다. 그러나 회사등기도 아무 때나 할 수 있는 게 아니다. 휴면회사가 해산간주된 후 3년 이내에 회사계속의 결의를 하지 않아 상법 제 520조의 2 제4항에 의하여 청산이 종결된 것으로 간주된 경우에는, 잔여재산이 남아 있어 청산사무가 종결되지 않은 경우에도 회사를 계속할 수 없다(상업선례 1-258, 1-281).

위의 상업등기 선례와 같이 해산간주된 후 3년이 지나면 청산종결간주가 된다. 이 경우는 사람으로 치면 사망신고와 마찬가지이므로 회사의 법인격이 소멸되어 더 이상 계속등기를 할 수 없다. 그러므로 법인등기기록상에 '청산종결간주'라고 기록되어 있으면 더 이상은 방법이 없다. 그 법인은 포기하고 새로 설립등기를 해야 한다.

회사 계속등기

해산간주된 법인은 청산종결간주등기 전(해산간주 후 3년 이내)에는 주주총회 특별결의로 계속등기를 할 수 있다.

상법 제520조의 2 제1항에 의하여 해산간주된 휴면회사의 경우에도 원칙적으로 해산 당시의 이사 또는 대표이사가 당연히 청산인 또는 대표청산인이 된다. 따라서 회사계속의 결의를 위한 주주총회는 상법 제531조에 의해 결정되는 청산인 또는 대표청산인이 소집한다.

회사 계속의 등기를 하기 전에 또는 그 회사 계속의 등기와 동시에 청산인에 관한 등기도 신청하여야 하며, 계속등기 신청은 회사 계속의 결의 후에 선임된 회사의 대표권 있는 이사가 신청한다.

청산종결 간주된 법인의 등기기록을 부활시키는 방법

청산종결이 간주된 법인이어도 분배할 잔여재산이 남은 경우에는 청산사무가 잔존함으로 그 청산목적의 범위 안에서만 법인격이 존속한다. 따라서 청산종결간주된 휴면회사는 청산사무가 종결되지 않았음을 소명하여 청산종결등기의 말소를 신청할 수 있다. 이런 방식으로 법인등기 기록이 부활될 때에도 회사계속은 허용되지 않는다(상법

제 520조의 2 제3항, 상업선례 1-258,1-281).

그러므로 청산목적을 위해서 등기기록만 부활된 것이므로 영업활동은 할 수 없다.

폐업은 어떻게 진행하나?

김대박은 새로운 사업을 시작하려고 한다. 이에 나경영이 운영하던 사업을 양수받기로 정했다. 김대박은 사업을 양수받으면서 '만약 내 사업이 잘 되면 권리금을 받고 사업장을 팔거나 그렇지 않으면 사업이 망해 폐업할 수도 있겠구나.'라고 생각했다.

사업을 처음 할 때에는 열정이 넘치지만 사업을 시작하면서 잘 되든, 못되든 언젠가 폐업을 할 경우가 생긴다. 법적으로 어떤 절차를 밟아야 하는지 살펴보자.

첫째, 세무서에 가서 폐업 신고를 한다.

홈택스로 폐업신고를 하거나 인증서가 없다면 가까운 세무서를 방문하여 폐업 신고서를 작성하고 제출한다. 방문 시 기존 사업자등록증과 신분증을 가지고 가야 한다. 이때 폐업 사유와 폐업 날짜를 기재해야 하는데 신용카드 단말기가 있을 경우 폐업날 이후부터 단말기 인식 자체가 정지되므로 날짜는 신중히 기입해야 한다.

둘째, 관할 구청에 가서 폐업 신고를 한다.

허가증이 필요한 사업일 경우 처음 허가받은 곳에서 폐업신고를 해야 한다. 예를 들어 음식점일 경우 영업허가증을 반납해야 한다. 그리고 임대사업자가 부동산을 양도할 경우 임대사업자 등록증을 반납해야 한다.

셋째, 직원의 퇴직금 및 4대 보험 해지 신고를 한다.

직원을 고용한 경우 퇴사 신고 및 퇴직금을 정산하여야 한다. 또한 4대 보험 탈퇴신고를 해서 불필요한 보험료를 낼 일이 없게 만들어야 한다.

넷째, 부가가치세 신고를 해야 한다.

사업이 부진하여 폐업을 했다 하더라고 부가가치세 신고는 꼭 해야 한다. 신고기한은 폐업일 속하는 달의 말일부터 25일 이내에 신고 및 납부를 해야 한다.

예를 들어 7월 10일 폐업을 한다면 8월 25일까지 부가가치세 신고를 해야 한다. 부수적으로 폐업 시 잔존재화와 감가상각 자산의 간주

공급을 고려해야 하니 담당 세무사와의 상담은 필수다.

다섯째, 종합소득세 신고를 해야 한다.

종합소득세는 1월 1일부터 12월 31일까지를 기준으로 하여 그 다음해 5월 31까지 신고해야 한다. 따라서 폐업한 날짜가 속하는 해의 그 다음해 5월 31일까지 종합소득세 신고도 해야 한다. 이때 국세청에서 종합소득세 신고 안내문이 발송되므로 유의하여 신고하도록 하자.

그 외 사업을 하면서 사업부진으로 인한 폐업일 경우라도 부가가치세, 종합소득세는 신고하여 납부하는 것이 유리하고 체납이 있다면 주민등록번호로 체납의 기록이 남으므로 주의해야 한다.

PART V

위기를 기회로 바꾸는
경영 노하우

chapter 01

기업 3·5·7년
데스밸리를 탈출하라

창업하고 새로운 제품·서비스를 출시하여 시장에 진입시키는 과정에서 대부분의 기업들이 겪는 3년 차에서부터 7년 차 사이에 겪는 징크스가 있다. 통계자료 같은 데서 창업기업의 3년 생존율, 5년 생존율을 주로 분석하고 다루는 이유나 창업기업으로 분류되는 업력도 보통 창업 후 7년 차까지로 보는 이유도 이와 무관치 않다. 힘차게 출발한 창업기업이 대략 3년에서 5년 차에 갑자기 심각한 위기를 맞아 도산 혹은 폐업하게 되거나 크나큰 어려움을 겪으며 간신히 버티는 경우가 생기는 현상이 있다. 이러한 위험한 시점은 크게 두 가지로 분류해볼 수 있다. 그것은 데스밸리와 캐즘(Chasm)이라 불리는 두 가지 형태의 무서운, 그러나 아주 흔하게 발생하는 위협이다. 비교적 많은 비율의 기업들이 이 위기를 넘어서지 못하고 결국 사라지고 만다. 여기서는 데스밸리의 문제를 살펴보자.

데스밸리란, 신생기업이 제품이나 서비스 개발에 성공했으나 이를 시장에 출시하는 과정이나 출시한 후 점유율을 늘려가는 과정에서 자금 등의 부족으로 결국 사업화에 실패하거나 고난을 겪는 기간을 말한다. 연구개발 등에 모든 자본을 투자하면서 본격적으로 상용화하는 과정에 필요한 자금이 매말라버리는 현상이다. 데스밸리는 실제 미국 캘리포니아에 위치한 국립공원인데, 깊고 높은 골짜기와 뾰족한 봉우리가 험준하게 펼쳐진 매우 악조건의 지역이기에 아무것도 할 수 없다는 의미로 데스밸리로 불렸다고 한다. 그런데 이 데스밸리가 미국 벤처창업의 산실인 실리콘밸리 가는 길목에 있는 것이다. 그래서 실리콘밸리에서 미국 라스베가스를 비롯한 중심가로 오려면 이 데스밸리를 거쳐야 하는 것으로 결국 창업기업이 시장에서 자리잡기 위해 성장하는 과정에서 거치게 되는 위기를 데스밸리로 빗대어 표현하게 되었다고 한다.

데스밸리를 겪는 기업은 상당한 고통을 겪게 된다. 신제품이나 서비스를 개발하는 비용에 회사 설립 및 운영비 등 여러 준비에 소용되는 비용 충당을 위해 창업자 본인의 자금을 비롯해 지인이나 은행자금 혹은 정부 지원자금 등을 받아 투입하는 경우가 많은데, 자본잠식은 물론이고 매출이 없거나 적은 상태에 투입비용만 높아 적자 상태이기에 은행대출이나 기업공개(IPO)를 통한 주식발행 혹은 벤처캐피탈 같은 곳의 투자유치 가능성도 거의 없다. 죽음의 계곡 깊은 골짜기

속에 완전히 고립되어 버리는 셈이다.

죽음의 계곡, 어떻게 탈출할 것인가

사람의 병도 예방이 가장 중요하듯이 기업의 병과 같은 데스밸리도 예방이 가장 중요하다. 데스밸리는 창업하기 전부터 대비해야 한다. 창업부터 한 후에 무언가를 이루려고 하면 데스밸리에 빠지는 지름길이 될 수 있다.

우선 회사운영, 기술개발 및 상용화 등에 필요할 것으로 추정되는 소요예상 금액을 경영지도사와 같은 전문가나 관련 업종의 경험이 많은 사람들의 조언과 각종 자료 조사를 통해 최대한 구체적으로 예측하고 그 금액을 마련할 자금조달계획을 수립해야 한다. 자신에게 있는 자금과 주변에서 유치할 수 있는 금액을 산정해보고 소요예상 금액의 최소 60% 이상의 확보 방안이 확립되지 않으면 시작을 보류하거나 혹은 사업계획을 조정하여 확보가능한 금액 내에서 사업할 수 있는 아이템이나 방법을 찾아야 한다. 직장에 다니고 있는 경우라면 다소 힘은 들겠지만 직장을 다니면서 월급을 받을 수 있을 때 주경야독의 자세로 준비를 하여 사업화 단계까지 만들어놓고 나오는 것이 좋겠다.

미리 대비를 했더라도 혹은 사전에 생각하지 못했던 데스밸리를 만나게 되는 경우도 있다. 이럴 때도 역시 예방이 중요하다. 창업자라면 반드시 자신의 회사 자금사정을 지속적으로 확인하여야 한다. 정기적으로 지출되는 비용과 개발을 위해 투입되는 비용 등을 계속 살피면 어느 시점에 자금이 마르는 데스밸리가 올 수 있겠다는 예측을 할 수 있다. 이러한 위기가 당도하기 전에 대책을 수립하고 시행해야만 한다. 몇 달 후 자금소진이 될 것으로 보인다면, 몇 가지 선택을 해야 한다. ① 완전한 손해를 보기 전 약간의 자금이라도 회수할 수 있을 때 사업을 일단 보류 또는 정리하는 선택, ② 자신의 신용이나 담보 등을 이용해 자금을 추가로 확보하는 선택, ③ 지인이나 크라우드 펀딩 등을 활용해 자금을 추가 확보하는 선택, ④ 정부지원사업이나 엔젤·벤처투자자의 자금을 확보하는 선택, ⑤ 동업자를 영입하거나 사업 아이디어 혹은 사업체를 관심 있는 자에게 매각하는 선택 등이 있을 것이다.

여기서 사실 ②는 권하고 싶지 않은 선택이다. 그런데 대부분의 창업자들은 이미 투입된 비용이 아깝거나 이왕 시작한 것을 조금만 더 하면 될 것 같은 생각에 미리 이러한 대비를 하지 않고 우선 달려가거나 배수의 진을 친다는 생각으로 ②와 같은 선택을 하여 더 심각한 데스밸리에 빠져버리는 경우가 많다. 이를 매몰비용오류와 관성의 법칙으로 표현하곤 한다.

④의 선택과 같이 정부의 지원제도를 활용할 수도 있다. 사실 아직 성과가 보이지 않는 기업이 엔젤이나 벤처캐피탈의 투자를 받는 것은 불가능에 가깝기 때문에 정부사업을 들여다보는 것이 낫다. 정부에서 창업기업의 데스밸리 극복을 위한 지원제도를 운영하고 있으며, 특히 2017년 새로운 정부가 들어서면서 중소기업청이 중소벤처기업부로 승격되어 관련 예산을 증액하고 더욱더 적극적인 지원을 추진하기로

하였다. 창업 자체를 위한 지원 중심에서 벗어나 데스밸리에 들어선 업력 3~7년 차 창업기업을 위한 데스밸리 극복과 성장을 위한 지원 펀드를 조성하고, 기존에 운영되던 창업도약패키지 지원사업을 확대 하였다. 각 지방정부에서도 자체적으로 마련한 지원제도들도 있으므로, 중소벤처기업부 또는 K-스타트업 사이트와 각 지방자치단체나 관련기관 홈페이지 등을 참고하여 찾아보면 도움이 될 수 있을 것이다.

chapter 02

캐즘을 극복하고 주류시장으로

창업기업이나 이미 사업하고 있는 중소기업 등이 종종 겪게 되는 데스밸리와는 조금 다른 형태의 위기가 있다. 데스밸리가 주로 신생기업이 자금의 소진으로 인해 고난에 빠지는 기간을 의미한다면, 이번에 말하는 위기는 신제품, 서비스 출시하여 시장에 진입시키는 과정에서 적지 않은 기업들이 겪는 캐즘이다.

캐즘이란 '협곡'이라는 의미인데 신제품 등이 시장에 진입하는 과정에서 초반에 어느 정도 판매가 되다가 급작스럽게 침체가 되는 현상을 말한다. 다음 그래프와 같이 신제품이 소비자에게 수용되며 성장해가는 과정에서 갑자기 단절되며 깊은 수렁에 빠지는 형상을 빗댄 말이다.

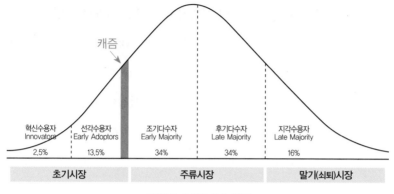

〈혁신의 수용곡선과 캐즘〉

주로 기존에 없던 혁신적인 제품이나 첨단제품 혹은 완전히 낯설지는 않지만 사용방법 등에 있어 고객을 어느 정도 길들여야 하는 제품 등에서 이러한 문제가 종종 발생한다. 이러한 제품, 서비스를 하이테크(Hightech) 제품이라 부른다. 아주 새로운 기술과 제품 등을 선호하는 매니아층이나 얼리어답터들에게는 이런 제품이 관심을 유발하면서 초기에는 어느 정도 거래가 일어나는데, 이후 일반 주류시장으로 넘어가는 과정에서 시장점유가 확대되지 못하고 정체되거나 오히려 판매가 하락하여 매출과 자금조달 등에 타격을 받게 되는 것이다. 이 과정을 극복하지 못하고 스스로 사업을 포기하거나 도산하는 일이 발생한다.

소비자에게 낯선 기술이나 제품은 초기시장과 주류시장 사이에 기간이 얼마가 될지 알 수 없는 단절이 생기는 것을 피하기 어렵다. 아무리 뛰어난 기술이라도 일반인들이 적응하고 받아들이기까지 시간이 걸리기 때문이다. 이 기간을 잘 버티면서 시장확대를 위한 전략을 펼치지 못하면 결국 주류시장에 진입하지 못하고 실패하고 만다.

이 현상은 데스밸리와는 전혀 다른 것이다. 데스밸리는 주로 창업기업 자체의 자금관리 및 조달에서 문제가 발생하여 도산하거나 실패하는 경우이다. 캐즘은 사업화에는 성공하여 시장에 제품이나 서비스가 출시된 상태에서 초기시장에서 주류시장으로 넘어가는 데 침체는 겪는 현상으로 자금조달 문제가 아니라 시장에서 발생하는 문제이다. 데스밸리는 주로 신생기업이 겪는 자금의 문제라면, 캐즘은 신생기업은 물론 업력이 오래된 기업이라도 신사업 추진 시 겪는 시장확대의 정체, 침체로 인한 문제이다. 그래서 데스밸리는 자금조달 전략이 중요하다면, 캐즘은 캐즘 마케팅이라는 용어가 있을 정도로 이를 극복할 시장 확대 방안이 중요하다.

캐즘, 어떻게 넘을 것인가

중소기업이 대기업처럼 모든 대중을 상대하는 것은 현실적으로 불가능하다. 창업기업이나 일반 중소기업의 입장에서 주류시장이나 대중시장이란 의미는 작은 세분시장이 여러 개 더한, 확대된 세분시장이라고 보거나 혹은 하나의 세분시장 내에서의 주류시장이라고 보아야 한다. 예를 들어, 대한민국의 모든 여성을 대상으로 하는 시장이 아니라 수도권에 거주하는 20~30대의 미혼 직장여성과 같이 구체적으로 세분한 시장을 목표로 하여야 하며, 이 시장은 역시 다시 세분화하여 지역별, 직업별, 종교별, 연령별 시장으로 나눌 수도 있을 것이다.

캐즘 극복 4단계 방법

자, 그럼 다시 캐즘 극복 방법으로 돌아와보자. 캐즘 극복 방법은 보통 4단계로 구분된다. ① 거점시장의 선정과 집중, ② 완전완비 제품을 개발, ③ 차별화와 포지셔닝, ④ 유통확대전략 수립과 추진이 그것이다. 이 순서로 대응하면 캐즘을 극복할 수 있다.

만약 수도권 거주 20~30대 미혼 직장여성이 최종 목표시장이라면, 우선은 서울 강남구에 있는 기업 50개에 다니는 20~30대 미혼 여성으로 거점시장을 정할 수 있을 것이고 이들에게 최적화된 제품이나 서비스를 품질불량의 문제가 없도록 만든 다음 그들에게 각인시킬 수 있는 경쟁제품과의 차별화된 포인트를 확립하여 당장은 이익을 크게 남기지 않더라도 그들이 쉽게 접하고 구매할 수 있는 경로로 홍보하고 판매하는 시도를 해야 하는 것이다. 이 전략으로 일단 거점시장에서 통했다면 이를 기반으로 유사성이 있는 세분시장으로 점차 확대하며 시장을 넓혀가는 것이다.

이와 같이 거점시장을 정하고 그들에게 최적화된 제품 및 포지셔닝을 하려면 결국은 그들이 무엇을 원하는지 구체적으로 조사하고 테스트해야만 할 것이다. 즉, 신사업 준비 단계부터 이러한 절차를 미리 대비하여 시행한다면 캐즘을 겪지 않거나 심각한 침체를 피할 수 있게 된다.

chapter 03

클레임과 컴플레인에
대처하는 방법

클레임(Claim)과 컴플레인(Complain)의 차이는 무엇일까?

클레임은 계약조건이나 상품표시 내용과 일치하지 않는 사항에 이의를 제기하는 것으로 계약이나 상품 자체에 대한 문제를 일컫는다. 즉, 어느 고객이든 제기할 수 있는 객관적인 문제점에 대한 지적이며 이에 대한 개선이나 보완, 교체 등을 요구하는 행위라고 볼 수 있다. 의류를 구입했는데, 바느질이 제대로 마감되어 있지 않았다거나 사이즈가 맞지 않는 경우와 같이 상품에 대한 교환, 환불 또는 보수를 해주면 해결되는 문제이다. 물론 어떤 피해를 입힌 상황이었다면 법적인 보상이나 배상으로 갈 수도 있다.

컴플레인은 고객이 상품 구매 시 품질, 서비스 불량 등을 이유로 불만을 제기하는 것을 말한다. 컴플레인은 고객의 주관적인 판단이 작용하게 되는 문제인데, 기업의 운영이나 관리상 문제를 수반하는 경우가 일반적이다. 컴플레인에 대한 관리를 제대로 못하면 사업 자체에 타격을 받게 될 수도 있다. 예를 들면 의류의 사이즈가 맞지 않아 교환을 하러 찾아간 클레임 고객에게 점원이 불친절했거나 고객의 책임으로 미루며 조치를 해주지 않는 경우 단순한 오차에 대한 해결을 원했던 클레임이 점차 해당 브랜드나 회사 자체에 대한 불평불만인 컴플레인으로 번지게 된다. 단순히 구매 상품에 대한 문제를 넘어 직원이나 회사에 대한 불만이 양산되며 고객의 성향과 사측의 대응에 따라 사건이 커지기도 한다. 정리하자면 클레임은 고객의 요구, 요청에 해당되며 컴플레인은 감정을 담아 표현하는 불평불만이다.

그럼, 클레임과 컴플레인은 어떻게 대처해야 할까? 클레임이나 컴플레인이나 기본적으로 고객에 대한 응대 방법에 따라 그 결과가 잘 마무리될 수도 있고, 더 큰 문제가 될 수도 있다. 따라서 우선 고객의 불편에 대해 공감해주고 경청하는 자세가 가장 중요하다. 클레임에 해당하는 객관적 문제사항에 대해서는 "아, 이 부분이 문제가 있네요. 사전에 확인하지 못하고 불편을 드려 죄송합니다. 내일까지 양호한 제품으로 교환해드리겠습니다."와 같이 즉각적인 사과와 조치에 대한 확약을 해주는 것이 가장 좋다. 그러나 컴플레인에 대해서는 고객의 감정을 불쾌하게 함에 대한 감정적 공감을 표현해준 후 조치나 검토 의사를 밝히면 된다. "네. 고객님께서 그런 상황에서 불쾌감을 느끼셨다니 유감입니다." 또는 "그런 상황에서 고객님께서 언짢으셨군요."

와 같은 말로 시작하여 "고객님이 느끼신 사항에 대하여 저희 내부적으로 공유하여 개선가능한 방법에 대해 검토하도록 하겠습니다. 좋은 의견 주셔서 감사합니다."라는 정도로 마무리하는 것이 좋을 것이다. 컴플레인에 대한 초기 응대가 잘못되거나, 간혹 고객 개인의 성향에 따라 블랙컨슈머가 나타나기도 하므로 초반에 잘 넘기는 것이 특히 중소기업에겐 중요하다.

실제 고객이 감정적으로 나오는 상황을 유발하는 사례를 파악하여 이에 대해 미리 챙겨둔다면 기업의 전문성과 신뢰성 그리고 호감이 상승하여 사업에도 도움이 되고 컴플레인도 줄일 수 있으니 다음의 몇 가지 사례를 생각해두자.

① 갖춰지지 않은 준비상황(위생상태, 직원의 복장과 용모, 표정 및 말투 등)
② 직원의 업무미숙 및 정보공유 부족(직원마다 말이 다른 경우, 일처리가 부실한 경우 등)
③ 약속의 불이행(주문사항이나 조치약속에 대한 미이행, 누락, 지연 등)
④ 무성의한 응대(형식적인 응대, 무관심, 감정이 없는 사과 등)
⑤ 정보의 부정확(정보제공의 누락, 오류, 부족 등)

chapter 04

권리금을 비용으로 처리하라

김대박은 가족들과 상의 끝에 회사를 관두고 젊을 때 창업을 하기로 결정했다. 때마침 위치가 좋은 상가를 구입하기에 이르렀다. 좋은 위치라서 권리금도 주고 들어가려고 하는데 전 주인이 권리금을 현금으로 받고 싶어 한다. 권리금이 적은 돈도 아닌데 비용으로 인정받을 수 없을까? 결론부터 말하자면, 권리금은 비용으로 인정받을 수 있다.

권리금을 인정받는 방법

1. 세금계산서를 받자.

권리금을 사업비용으로 인정받기 위해서는 권리금을 받은 사업자로부터 권리금만큼 세금계산서를 받아야 한다. 가게는 그대로인데 주인만 바뀌는 경우를 사업의 포괄양도라고 한다. 이 경우 세금계산서를 받지 않을 수 있는데 이때를 제외하고 상대방 사업자로부터 세금계산서를 받아야 한다. 현실적으로 권리금을 지급하는 사업자 입장에서 세금계산서를 받지 못하면 비용으로 처리하지 못한다. 권리금을 받는 사업자 입장에서는 권리금에 대한 세금 부담이 크기 때문에 세금계산서 발행을 꺼리는 경우가 대부분이다.

2. 원천징수를 하고 지급하자.

권리금을 주고받을 때 권리금을 주는 사람은 받는 사람을 대신하여 원천징수를 해야 한다. 원천징수란 상대방의 소득 또는 수입을 지급할 때 지급하는 자가 그 금액을 받는 사람이 내야 할 세금에서 미리 뺀 후 지급하고 그 세금을 국가에 대신 내는 제도를 말한다. 주는 사람은 원천징수의무자라고 한다.

예를 들어 권리금이 1억 원이라고 하자. 기타소득에 대한 원천징수 세율은 20%이다. 필요경비는 80%이다. 기타소득 1억 원에서 80%를 뺀 2천만 원이 기타소득금액이 되고 이 중 20%인 400만 원이 국가에 납부할 세금이 된다. 지방소득세까지 440만 원을 뺀 9,560만 원을 지급하고 국가에 440만 원을 세금으로 납부하게 된다. 즉 권리금을 비용 또는 자산으로 인정받기 위해서는 세금계산서도 받아야 하고, 원천징수도 해야 한다.

1) 예외적인 경우

권리금 안에 비품 등의 자산이 있는 경우 세금계산서를 발행하여도 부가가치세 신고 시 과표에 제외되므로 소득에 잡히지 않으며, 원천징수도 없어 양도하는 사람의 부담이 적어진다. 이런 경우 기존 양도하는 사람의 재무제표를 검토하여 계약서를 작성하면 서로 좋다.

2) 실질과세 주의

세법의 큰 줄기에는 실질과세 주의가 있다. 실질에 입각하여 과세한다는 것이다. 권리금의 적법 여부를 논하기 전에 현실적으로 구입하는 입장에서 이것저것 요구하는 것이 쉬운 일이 아니다. 이럴 경우 이체내역서, 현금을 요구한다면 현금 출금의 기록 등을 보관하여 과세관청에게 사후 적발 시 소명할 수 있는 최소한의 장치를 마련하는 것이 좋다. 서로 계약서를 쓰고 이체하는 방법이 최소한의 장치라 볼 수 있다.

chapter 05

세무조사, 무엇을 어떻게 준비해야 하나?

김대박 대표는 나경영 대표가 세무조사를 받는다는 소식을 들었다. 이에 김대박 대표는 세무조사라는 단어만으로도 걱정이 들었다. 세무조사는 어떤 사업장에 하며 어떤 과정으로 진행되는지 살펴보자.

세무조사란

세무조사는 국세기본법 제81조의 2에 따라 "국세의 과세표준과 세액을 결정 또는 경정하기 위하여 질문을 하거나 해당 장부, 서류 또는 그 밖의 물건을 검사, 조사하거나 그 제출을 명하는 경우"를 뜻한다. 쉽게 말해 국세를 징수하는 데에 있어 납세자에게 얼마만큼을 부과할 것인지 결정하고, 해당 납세자가 제대로 세금(국세)을 신고·납부하고 있는가를 점검하는 것이다. 역외탈세자, 음성·탈루소득자, 변칙 상속·증여자 등을 국세청은 세무조사를 통해 검사하기 때문이다. 즉 탈세를 바로잡아 공평한 세부담이 구현될 수 있도록, 또 납세자들의 성숙한 납세문화가 정착될 수 있도록 하기 위함이다.

세무조사에는 명백한 세금탈루 혐의가 드러났을 경우 처벌을 위해 실시하는 '세무사찰'과 납세자의 승낙을 전제로 납세의 의무 이행 여부를 검증하는 '일반 세무조사'가 있다.

일반 세무조사가 질문 조사권을 통해 세금을 추징키 위한 행정적 목적이라면 세무사찰은 압수·수색영장 등을 이용해 조세범을 처벌키 위한 사법적 성격이다. 일반적으로 말하는 세무조사는 일반 세무조사를 뜻한다.

세무조사 대상자로 선정되는 이유

일반적인 세무조사에는 신고 내용을 정기적으로 검증하는 정기 세무조사와 탈세, 신고 오류 등 객관적으로 혐의가 있는 경우 진행하는 수시 세무조사가 있다. 각각에 따라 대상자를 선정하여 조사에 착수하는 기준이 다르다.

정기 선정의 사유는 다음과 같다.
- 신고내용에 대한 정기적인 성실도 분석결과 불성실 혐의가 있는 경우
- 최근 4과세기간(2년) 이상 같은 세목의 세무조사를 받지 아니하

여 신고내용의 적정성 여부를 검증할 필요가 있는 경우

- 무작위 추출방식에 의한 표본조사를 하는 경우

성실도 분석은 전산 분석 시스템을 활용하여 세금신고상황, 납세협력의무 이행상황 등을 객관적으로 종합하여 평가한다.

비정기 선정(수시선정)의 사유는 다음과 같다.

- 신고, 성실신고확인서·(세금)계산서 및 지급명세서 작성·교부·제출 등 납세협력의무를 이행하지 아니한 경우
- 무자료거래, 위장·가공거래 등 거래내용이 사실과 다른 혐의가 있는 경우
- 납세자에 대한 구체적인 탈세제보가 있는 경우
- 신고내용에 탈루나 오류의 혐의를 인정할 만한 명백한 자료가 있는 경우
- 납세자가 세무공무원에게 직무와 관련하여 금품을 제공하거나 금품제공을 알선한 경우

세무조사는 어떻게 진행되나

세무조사는 시작 전 사전 안내가 있으며 시작과 진행을 최소한의 범위에서 하며 마무리가 되면 안내를 받고 권리 구제를 신청할 수 있다.

1. 세무조사 시작 전

- 조사개시 10일 전까지 세무조사 사전 통지를 보내고 시작 전에

세무조사 오리엔테이션을 한다.

- 조사연기나 조사장소 변경, 세무조사 유예를 신청할 수 있다.

2. 세무조사 시작과 진행

- 조사공무원의 신분을 확인 후 납세자권리헌장에 대해 설명을 듣고 청렴서약서를 작성한다.
- 세무대리인의 도움을 받을 수 있고 세무조사는 필요 최소한의 범위에서 실시한다.
- 위법·부당한 세무조사 등으로 권리를 침해당한 경우 조사관서의 납세자보호담당관에게 권리보호를 요청할 수 있다.

3. 세무조사의 마무리

- 조사가 종결되면 청렴확인서를 작성한다.
- 조사가 종료되면 20일 이내에 세무조사 결과 통지를 보내주며 납부할 세금과 절차를 안내받는다.
- 일시적 자금압박을 겪고 있다면 징수유예를 신청할 수 있다.

4. 권리 구제 및 평가

- 조사결과에 대하여 이의를 제기할 수 있다.
- 세무조사 과정에 대하여 납세자로부터 평가를 받는다.

세무조사는 착실하게 세금을 신고, 납부하여 신고의 적정성을 구태여 검증할 필요가 없는 성실 납세자들에 대해서는 불필요하다. 국세청에서는 모범납세자 우대제도를 운영하고 있는데, 모범납세자로 선발되면 일정 기간 세무조사를 유예하고 있다. 정부 포상·국세청장 표창 이상 수상자는 3년간, 지방국세청장 및 세무서장 표창자는 2년간 세무조사를 유예받는다.

법망을 피해 세금을 거짓 신고하는 사업장, 음성적으로 세금을 탈루하는 탈세자들이 있기 마련이다. 이는 성실 납세자에게 피해와 부담을 전하기 때문에 부적절한 세금 신고, 납부는 결국 직·간접적으로 국가 재정에 악영향을 끼치게 된다. 이를 위해서라도 조세 정의를 실현하고 국가 재원을 충실히 확보하기 위해 세무조사가 필요하다.

세무조사의 걱정보다는 성실하게 납부하고 성실하게 사업하는 것이 장기적으로 조세 정의를 실현하고 국가 재원을 충실히 확보하는 데 도움이 될 것이다.

chapter 06

근로감독 조사,
무엇을 대비해야 하나?

김대박 대표는 이제 개업 3년을 넘기면서 어느 정도 사업이 안정화되었
다. 그런데 어느 날 갑자기 사업장에 관할 노동청에서 팩스로 공문이 접
수되었고, 바로 근로감독관으로부터 사업장 조사가 나오겠다는 전화를
받았다. 처음 받는 사업장 조사라 김 대표는 매우 난감해하였다. 김 대
표가 준비해야 할 서류는 무엇일까?

　사업이 어느 정도 안정기에 들어서면 많은 사업장에서는 세무조사
를 걱정한다. 그러나 국세청 데이터에 누적되어 사업장의 거래 현황
이 잡히는 만큼 고용노동부 데이터에도 함께 사업장의 근로현황이 누
적된다. 고용노동부에서 사업장에 대한 조사 방법으로는 크게 2가지

방식을 취하고 있다. 첫 번째는 관할 노동청에서 직접 조사하는 방식이 있고, 두 번째는 관할 지역의 공인노무사에게 사업장의 지도·점검을 위탁하는 방식이 있다.

깐깐해진 사업장 지도·점검 항목 체크

노동청 직접 조사 시 조사대상 사업장은 관할 노동청에 노동관계법령 위반 사건이 빈번히 접수된 사업장이나 현황 분석을 통해 노동관계법령 위반 소지가 많은 사업 부류다. 국가에서 공식적으로 실시하는 조사인 만큼 조사하는 내용이 많은데 그 항목은 다음과 같다.

▶ 근로기준법 관련 분야
- 취업규칙(상시근로자 10인 이상), 기숙사 규칙, 단체협약
- 근로계약서, 근로자 명부, 출·퇴근부
- 임금결정·지급방법 또는 계산의 기초에 관한 사항(임금협약, 급여 규정 등)
- 승진 또는 감급 관련
- 해고 퇴직 관련
- 근로자 명부와 만 18세 미만 연소근로자 구비 서류
- 여성근로자 보호(산전 후 휴가, 생리휴가 등)에 관한 서류
- 근로시간제도 관련 서류(탄력적 근로시간제, 선택적 근로시간제, 근로시간 계산의 특례, 근로·휴게시간의 관련 서면 합의서 등)
- 휴가 대장

- 산업재해 보상 서류

▶ 근로자 퇴직급여 보장법 관련 분야

- 퇴직금 지급 현황

- 퇴직연금 도입 사업장의 경우 관련 서류

▶ 최저임금법 관련 분야

- 최저임금 준수 여부를 위한 시급 산정 기초 자료

- 최저임금 주지 여부(사업장에 최저임금 게시 여부)

▶ 남녀고용평등과 일·가정 양립 지원에 관한 법률

- 모집과 채용 관련 서류

- 교육·배치 관련 서류

- 직장 내 성희롱 예방 관련 일체의 서류

- 출산휴가 관련 서류

- 육아휴직 관련 서류

▶ 근로자 참여 및 협력 증진에 관한 법률 관련 분야(상시 근로자 30인 이상)

- 노사협의회 규정 및 운영 현황(회의록 등)

▶ 기간제 및 단시간 근로자 보호 등과 관한 법률 관련 분야

- 정규직이 아닌 근로자(계약직, 알바 등)에 관한 근로계약서, 취업
  규칙, 단체협약

- 단시간 근로자의 초과 근로 관련 서류

▶ 파견근로자보호 등에 관한 법률 분야(해당 사업장에 한함)

- 적법한 근로자 파견 업체인지 확인

- 적법한 근로자 파견 대상 업무인지 확인

- 근로자 파견에 대한 파견사업주와 사용사업주의 파견계약서
- 파견근로자의 근로계약서
- 파견근로자에 대한 차별적 행위 등 보호 조치 이행 여부 확인
- 기타 사내하도급(용역)의 적법성 확인

▶ 4대 보험 관련 분야

- 4대 보험 성립신고 서류 확인
- 근로자 4대 보험 피보험 자격 취득 신고 서류 확인

위의 사항을 조사하기 위해서 관할 노동청에서는 사전에 근로계약서와 임금대장 및 각종 인사 관계 서류를 준비하라는 공문을 보내고, 곧바로 담당 근로감독관은 사업장과 일정을 조율하여 조사를 실시한다. 이때 위의 조사대상에서 각 위반 사유별 시정기간을 주는데 2017년 7월 이후 사업장에게 부여되는 시정 기간은 짧아지고 있다. 특히 주의할 점은 가장 기초적인 자료인 근로계약서 미작성의 경우 기존에는 시정기간이 14일이었으나 7일로 단축되어 점점 단속은 강화되고 있는 추세이다.

앞서 언급한 바와 같이 고용노동부에서 실시하는 사업장 조사 방법으로는 관할 노동청 소속 근로감독관의 깐깐한 직접 조사가 있지만 이보다는 완화된 공인노무사의 지도·점검이 사업장에 실시될 수 있다. 고용노동부에서는 매년 각 지역 노동청이 관할하는 지역에서 개업하고 있는 공인노무사에게 관할지역의 사업장의 노동관계법령 위

반사항에 대한 지도·점검을 위탁한다. 예전에는 노동청 조사와 마찬 가지로 공인노무사의 지도·점검에도 점검 항목이 많았으나 최근에는 근로계약서 작성 및 최저임금 위반 등 기초사항에 대해서만 집중적으로 조사하도록 점검 범위를 축소하여 위탁하고 있다.

근로감독관의 조사와 공인노무사의 지도 점검이 다른 점은 공인노무사의 지도·점검은 대상 사업장으로 하여금 자율적으로 위반사항을 시정할 수 있도록 약 1개월 가량의 장기 시정 기간을 부여한다는 점이다. 다만 놓치지 말아야 할 부분은 공인노무사의 사업장 지도·점검을 거부할 경우 이 역시 그대로 노동청에 보고되고, 자칫 노동청의 직접 조사 대상이 될 수 있으므로 유의하여야 한다.

chapter 07

ERP 도입으로 경영 효율성을 높이는 방법

ERP의 정의 및 도입 필요성

ERP는 Enterprise Resource Planning의 약자로 '전사적 자원 계획'이라고 한다. 재무관리, 회계관리, 생산관리, 판매, 재고관리, 인사관리 등 전사적인 데이터를 일원화시켜 관리할 수 있고 또한 경영자원을 계획적이고 효율적으로 운용하여 생산성을 극대화하는 새로운 정보 시스템이다. 그리하여 ERP는 모든 업무에 덧붙여 고객회사 또는 하청회사 등 상하위 공급체계에 대한 최적 의사결정을 내려주는 통합된 시스템이다.

즉, 정보 시스템을 통해 회사의 경영에 필요한 조기경보체제를 구축할 수 있다. 기업 전반적으로 통합된 데이터베이스를 이용할 수 있어 필요 시점에 회사경영에 필요한 데이타를 실시간에 찾아 그래픽화하거나 상세 데이타를 조회하는 일들이 매우 용이하여, 각 부서의 자료를 별도로 취합하여 현황을 파악하는 지금까지의 업무처리와는 달리 사용자가 필요한 시점에 의사결정을 할 수 있도록 한다.

업무의 표준화, 자료의 표준화에 의한 시스템 통합으로, 전사차원에서 통합된 데이터베이스를 구축하여 정보의 일관성 유지 및 관리의 중복을 배제할 수 있다.

ERP 시스템과 기존 업무(정보) 시스템의 차이점

기업이 어느 정도 규모가 커지면 여러 가지 업무를 처리하는 데 인력이 너무 소요되기 때문에 여러 가지 업무를 전산화하여 컴퓨터로 처리하고 있다. 처음에는 급여계산과 같이 단순 반복 업무를 전산화하기 시작하여 점점 그 범위를 넓혀간다. 체계가 선 회사에서는 판매·영업, 생산, 구매·재고관리, 인사·급여, 회계·자금·예산, 원가계산·관리회계 등 다양한 업무 분야에 기본적인 전산 시스템을 갖게 된다.

이러한 기본 시스템을 바탕으로 하여 보다 전문화된 업무처리까지 넓혀나가는데, 예를 들면 영업을 보다 체계적으로 관리하기 위해 영업관리 시스템에 추가하여 고객관리 시스템을 개발하는 등의 확장을 해 나간다. 이러한 컴퓨터 처리 시스템은 기업체마다 다양한 명칭을 사용하며, 경영정보 시스템은 개발 주체에 따라 기업 내부에서 자체개발하는 경우와 기존에 개발된 시스템을 외부에서 구입해 쓰는 경우를 들 수 있다. 외부에서 구입하는 시스템은 마치 기성품 양복을 사는 것과 같이 패키지 형태의 기성품 시스템을 구입하는 방식이 있다.

이러한 패키지는 여러 회사의 업무 처리하는 방식을 연구하여 표준적인 업무처리 시스템을 개발해 모아놓은 것으로 보통 'ERP 패키지'라고 한다.

ERP 내부 개발과 외부 구입의 장단점

내부 개발과 외부 구입은 각기 장단점이 있다.

내부 개발의 장단점

기업 자체에서 필요한 것만 입맛에 맞게 개발할 수 있다. 그 대신 한정된 전산요원만으로 개발하기 때문에 전체 시스템의 통합적 사상이 부족하기 쉬운 단점이 있다.

예를 들어 구매부서에서 업무처리하면 회계, 재고관리, 생산, 판매 등과 잘 연결되어 업무처리가 되지를 않아 일부는 다시 처리한다든지 하는 불편함이 있을 수 있다. 물론 대기업의 전산요원들은 양적, 질적인 면에서 막강하기 때문에 보다 정교한 시스템을 개발할 능력이 있다.

외부 구입의 장단점

많은 전문 인력을 두고 패키지를 개발하는 거대 기업들의 제품들이 주력이며, 전체 통합적인 사상과 표준적인 업무 처리가 가능하도록 설계되어 있어서 기업들이 패키지를 도입하여 일부 업무 개선도 가능한 장점이 있다. 대신 회사가 필요하지 않은 부분도 있고, 회사 실정이나 각 국가 실정에 안 맞는 불편함도 있다.

ERP의 효과적인 구축 방법

1. 자사에 대한 이해가 우선

기업, 특히 중소기업이 ERP를 도입하는 데 있어서 자사의 업종, 규모, 리소스 등 환경과 현실을 이해하는 것이 최우선이다. 회사 내부의 업무를 제대로 파악하고 프로세스가 체계화된 상태에서 ERP를 적용하여야 사용자들도 잘 이해할 수 있고, 이후에 운영이나 유지보수에도 문제가 생기지 않을 것이다. 또한 이후에 해당 업무에 새로운 사람이 투입되거나 교체되어도 바로 작업을 할 수 있게 매뉴얼화가 되어야 한다.

더존을 비롯한 여러 업체에서 ERP 솔루션을 제공하고 있다. 하지만 자사의 업무 환경과 현실을 먼저 이해하지 않으면, 적합한 솔루션을 찾기 어려울 것이고, 그렇다면 이후에 값비싼 커스터마이징과 솔루션을 붙여야 하는 경우가 생길 수 있다.

2. 프로젝트에 적합한 팀프로젝트 관리

ERP를 도입하는 데에 성공요소로, 강력한 프로젝트 팀을 만드는 것이 최우선 사항이다. 기업에 필요한 ERP에 대한 큰 그림을 머리 속에 완벽하게 담고 있는 내부 프로젝트 멤버가 있어야 한다. 또한 ERP

의 실행 방법과 계획을 수립하고, 함께 프로젝트를 진행하는 파트너들과 커뮤니케이션을 원활하게 해야 한다.

3. 사용자들에 대한 지속적인 교육

ERP를 직접 사용하는 사람들에 대한 교육은 ERP 도입의 필수 성공 요소이다.

충분한 교육을 받지 못한 사용자들은 ERP에 대해 이해할 수 없고, 업무에 적절히 적용할 수 없을 것이다. 대부분의 기업들이 EPR에 대한 일회적인 교육만을 실시하고 있는데, ERP 시스템의 연간 유지 예산의 일부로 교육 비용을 투입하여 사용자들에게 계속적이고 높은 수준의 교육을 제공하는 것은 매우 중요하다. 또한 사용자들에게 받은 ERP의 효과와 개선점에 대한 피드백을 통해 점진적으로 개선해 나아감으로써 ERP의 효과성을 극대화할 수 있을 것이다.

chapter 08

현금이 마르지 않는
자금 계획을 세우자

자금조달계획은 왜 필요한 것일까?

회사가 운영을 하기 위해서는 많은 자금이 필요하며, 회사가 여유 있는 잉여자금을 보유하고 있지 않는 한 여러 가지 계획을 통해 자금을 확보하게 된다.

자금조달계획의 중요성은 아래와 같이 크게 두 가지로 볼 수 있다.

1) 운영자금의 한계(유지 및 지속적인 항해를 위해)
2) 새로운 사업의 투자와 매출 확대

회사의 자금조달계획은 크게 외부자금조달과 내부자본조달의 두 가지로 나눠질 수 있다. 이 중 창업기업의 경우 아래의 네 가지 외부 자금조달의 방법을 고려하게 된다.

1) 시드(Seed) 확보
2) 투자 유치(클라우드 펀딩, 민간투자, 기관투자 등)
3) 융자금 활용(은행차입)
4) 국책사업(정부과제)

창업기업이 아닌 기존사업을 영위하고 있는 회사의 경우 두 가지 내부자금조달의 방법이 추가될 수 있다.

5) 고정비용 감축(구조조정, 자산처분)
6) 매출증대·영업이익률 극대화(영업 수익률 개선)

이렇게 자금조달방법은 내부자본조달(유보이익의 자기자본조달 및 자산처분 등)과 외부자금조달(금융, 차입 등의 타인자본조달)으로 크게 나누어 전략을 수립할 수 있다. 유보이익이란 기업에서 발생한 이익을 가지고 배당 등을 하지 않고 향후에 다른 투자를 위해 기업 내부에 유보해둔 이익을 말한다. '어느 기업이 얼마 정도의 현금을 쌓아두고 있다.'라고 뉴스 등에 나오는 얘기가 바로 그 기업의 내부자본조달이라 볼 수 있으며, 외부자금조달은 말 그대로 은행 등 외부기관을 통해 차입하는 것을 말한다.

자금조달 시 무엇을 먼저 점검해야 할까?

기업이 자금을 조달하려 할 때 먼저 살펴보아야 할 것이 있다. 바로 부채비율이다. 일반적으로 부채비율이 높을수록 부채가 많다는 것으로 해석하여 위험한 회사라고 판단하거나 부채비율이 낮다고 하여 안전한 회사로 판단하는 경우가 있다. 그리고 기업인은 자기 회사의 부채비율이 얼마나 되는지 파악해야 할 필요가 있다. 부채비율에 따라서 외부자금 차입 시의 금리나 자금의 규모 등에 영향을 미치게 되기에 매우 중요한 요소가 아닐 수 없다.

중요한 것은 부채비율을 알더라도 이 부채비율이 적정한 것인지를 판단하는 것이다. 회사의 부채비율이 200%가 나오더라도 산업 전체의 평균 부채비율이 250%라면 산업적 측면에서 안정적인 부채라고 볼 수 있을 것이다. 또한 부가적으로 기업의 안전성을 판단할 때 그 기업의 부채비율이 200%라고 해서 위험하다고 판단할 것이 아니라 몇 년의 추세로 보았을 때 매년 400%, 300%, 250% 식으로 비율이 내려가는 모습을 보인다면 희망적인 기업이라고 볼 수 있다. 반대로 비율이 100%라고 하더라도 직전 연도 대비 비율이 상승한 모습이라면 오히려 의심을 해볼 필요가 있는 것이다. 부채비율이 높을지언정 기업에 돌고 있는 현금흐름의 주기가 빠르다면 관대하게 평가할 수 있기에 자기 회사의 재무적 현황을 파악하는 것은 매우 중요하다.

$$부채비율 = (부채총계 / 자본총계) \times 100\%$$

국가, 기업, 개인도 부채가 필요하다. 자금을 빌린다는 것은 어딘가에 투자를 한다는 것이고, 투자 후 발생되는 수익으로 이자와 투자자금을 회수하게 된다. 따라서 부채는 경제학적 측면에서 볼 때 궁극적으로 사회의 발전을 야기시키는 중요한 요소이다.

부채의 사용은 레버리지 효과를 이용해 투자수익률을 극대화시킬 수 있다는 점에서 기업에게 매우 유익할 수 있다. 또한 타인의 자본을 사용함으로써 발생되는 이자비용을 비용으로 처리함으로써 법인세 절감효과를 발생시킬 수 있다는 점에서 또 다른 효과가 있다.

중소기업의 자금관리

중소기업의 최우선 과제 '유동성 확보'

기업의 경영활동은 목표를 달성하기 위해 생산, 인사, 재무, 마케팅 등 다양한 활동을 계획·실행·통제하는 연속적인 과정을 의미한다. 전통적으로 기업의 목표는 이윤창출과 주주 부의 극대화였으나 최근에는 글로벌 금융위기와 같은 외부의 환경변화로 인한 경영악화 가능성에 대비하고 사업을 계속 영위하기 위한 캐시 플로(Cash flow) 경영, 즉 현금창출이 중요시되고 있는 추세이다.

자금관리를 의미하는 캐시 플로 경영은 회계업무와 함께 재무관리의 두 축 중 하나로 이익보다는 현금흐름을 중요하게 생각한다. 기업의 능력은 회계적 이익이라는 원동력을 통해 확대 재생산되지만, 근본적으로 발생주의를 기초로 하고 있어 실질적인 자금의 수입과 지출의 흐름을 제대로 보여주지 못하고 이익이 자금으로 변환되었을 때 비로소 구매력이 확보된다. 자금은 기업이 경영활동을 하기 위해 필요한 유·무형의 모든 자원을 확보할 수 있게 하고 활동을 가능하게 하는 원천으로 기업에서 '혈액'과 같다고 볼 수 있다.

기업의 자산과 매출규모를 체격에 비유하고, 자기자본과 이익을 체력에 비유한다면 자금, 즉 현금흐름은 혈액에 속한다. 기업의 체격, 체력, 혈액 중 어떤 게 가장 중요하냐는 물음에는 답하기 어렵다. 위에서 얘기한 것처럼 기업의 현금흐름이 가장 중요하다면, 기업 입장에서는 혈액순환이 막히면 곧바로 부도가 발생할 것인가? 꼭 그렇지는 않다.

바이오 벤처기업의 경우 실질적인 매출액이 전혀 없어 현금을 창출하지 못하더라도 현금성자산, 자기자본 등 체격과 체력이 뒷받침되는 경우는 사업 유지가 가능하다. 영업이익 규모가 매우 작거나 적자가 발생함에도 불구하고 주식시장 등에서 높은 가치로 평가받는 회사들도 많이 존재하며, 당기순손실이 발생하더라도 현금흐름이 흑자라면 그 사업을 퇴출시키지 않고 계속 진행하는 회사들도 다수 존재하는 점을 고려하면 회계적 이익보다 현금창출 능력이 기업유지에 더 중요한 요소임을 보여주는 사례라고 볼 수 있다.

그렇지만 대부분의 중소기업은 경영자가 모든 회계정보를 직접 관리하고 있고, 자금의 경우도 잔액 중심으로 관리되고 있다. 현금일계표나 수기장부를 이용해 잔액중심으로 관리하면 자금의 유출입 출처 정보가 함께 관리되지 않아 일시적인 유동성부족으로 인한 부도나 잉여자금에 따른 기회비용이 발생할 가능성이 존재한다.

자금관리 어떻게 해야 하나

그렇다면 자금관리는 어떻게 하는 게 바람직할까?

각 활동별 현금흐름을 파악하는 것이 자금관리의 출발점이다. 영업 활동과 관련된 현금흐름분석은 주로 단기적 측면에서 이루어진다. 과거 평균 매출액, 신규 거래선 추가에 따른 증가액 등을 고려한 매출계획에 의해 현금유입액을 예측하고 원재료 등 매입대금, 임금, 임대료, 세금 및 기타 비용의 지불 등 영업활동과 관련되어 규칙적으로 발생하는 현금지출액과 차입금에 대한 금융비용 등을 고려하여 현금유출액을 파악한다.

대부분 경상적 활동은 현금지출이 바로 이루어지므로 거래처별 외상매출금과 외상매입금의 계산, 회수(결제) 조건을 고려한 자금 유출입액, 받을어음과 지급어음의 기일별 잔액 등에 대한 관리만 이루어진다면 기업상황에 맞는 자금수지표를 통해 단기 운전자금을 계획하고 통제할 수 있다.

장기적인 측면에서도 현금흐름 파악은 미확정 투자부분을 제외한다면 현재 보유중인 차입금과 리스료 등의 상환스케줄에 따른 현금유출액이 될 수 있으며 금융기관별, 기간별 상환액을 파악하여 자금계획에 반영, 관리하여야 한다.

기업의 장단기 현금흐름을 파악한다면, 단기적으로는 운전자금, 장기적으로는 시설투자 자금확보나 차입원리금 상환과 같은 자금계획이 가능해진다. 자금관리의 가장 중요한 부분은 현재 보유자금과 파악된 현금흐름 추정치를 고려한 자금계획에 따라 선제적으로 대응하는 것이며, 이는 자금의 적시조달이 기본전제조건이 된다.

이런 체계적인 자금수지계획을 위해서는 매월 이익분석 및 자금관리가 동시적으로 이뤄져야 한다. 매월 수금액과 매입결제액, 인건비 등 경상지출액을 추정하고, 잉여자금 규모가 얼마인지 파악해야 한다. 이렇게 파악된 결과를 바탕으로 매출 증가 시에 필요한 추가자금 규모, 자체 조달가능 금액을 고려한 시설투자 규모 및 시기, 차입금 상환 스케줄에 따른 상환가능성 등을 예측하고 월, 분기 등 일정 단위별로 자금 부족분을 파악하여 주거래은행, 보증기관, 중소기업진흥공단 등 다양한 창구를 통해 외부자금을 미리 조달할 방법을 마련할 수 있다.

현금흐름의 개선

위와 같은 외부 자금조달 이외에도 영업정책의 변경, 투자활동 조정 등을 통한 내부적인 노력으로 현금흐름을 개선할 방법이 있다. 영업활동 측면에서는 매출채권 조기회수, 재고자산 감축, 제조원가의 감소, 일반 판매비와 관리비 지출 축소 등을 통해 현금확보를 늘릴 수 있다. 투자활동 측면에서는 채산성, 가동률이 낮은 유휴설비 등 비유동자산의 매각 및 투자시기 조정 등을 통해 유동성 확보가 가능할 것이다. 또한 은행 등으로부터 조달한 차입금 리스케줄링을 통해서도 유동성 문제가 없도록 자금관리가 가능하다. 차입금 리스케줄링은 기업이 금융기관과 여러 구좌로 분산되어 있는 동일한 목적의 운전자본을 일원화하는 등의 협의를 통해 기업의 현금흐름에 맞춰 그 범위에서 차입금을 상환할 수 있도록 재구성하는 방법을 말한다.

모든 중소기업이 앞서 언급한 것처럼 장단기 자금계획을 통해 유동성을 확보하고 외형성장은 물론 부가가치 창출로 계속 사업을 유지하면 좋겠지만, 현실적인 여러 여건 때문에 자금관리가 여의치 않다. 그렇다더라도 3개월 이상의 운영자금을 최저 현금보유 목표로 설정하고 유지하여 외부환경 변화에 대응할 여력을 갖추어야 한다. 한편, 최소한의 금융비용, 세금, 전력비, 각종 사회보험료 등의 공과금 납입기일을 철저하게 관리함으로써 대외적인 신용도를 유지하는 게 필요하다.

기업 자금조달 방법

자금조달 방법에는 크게 직접금융과 간접금융으로 나눌 수 있다. 여기서 직접금융은 증권 및 채권시장에서 주식 및 회사채 발행을 통해 자금조달하는 방법을 말하며, 간접금융은 은행 등 금융기관으로부터 자금을 조달하는 방법을 말한다. 직접금융과 간접금융의 차이는 중간에 금융기관이 매개가 되는가에 따라 달라진다. 이외에 기업자금조달 방법으로는 정부나 지방자치단체, 은행이나 신용보증기금 등을 이용한 다음의 방법들이 있다.

정부정책자금 조달

특별법에 의해서 설립된 법인(기관)에서 지원하는 자금과 정부 각 부처 예산으로 지원하는 자금 등으로 구분된다. 매년 중소기업지원 정책자금에 대한 정부의 발표 시 중소벤처기업의 자금담당 임원은 관심을 가지고 자사의 사업과 관련된 자금지원을 받을 수 있는 대비책을 마련할 필요성이 있다.

지방자치단체 자금지원제도

각 지방자치단체·금융기관·신용보증기관·신용보증재단은 정부 재정자금과 연계해서 중소벤처기업 자금을 지원해주고 있다. 신기술 신개발제품의 상업화를 위한 신규창업자 또는 기업 설립 후 2년 이내 인 중소기업에게는 창업에 필요한 시설자금 및 운전자금을 별도로 지원하고 있다.

중소기업자금·창업지원자금·소호(SOHO) 여신제도

은행을 통해 기업 자금조달을 하는 방법으로 법인에 대한 대출에 대해 은행은 우선 신용등급을 선정하고, 신용이 우수한 법인에 대해서 신용대출한도 내에서 무담보대출을 하고 있다. 담보대출을 받고자 하는 경우, 신용등급을 먼저 산정하고 담보물에 대한 평가를 한 후에 여신금액이 결정된다. 담보를 제공해도 신용등급이 일정기준 이하일 경우 대출을 받기 어렵다.

신용보증기금·신용보증재단·기술신용보증기금의 보증서 발급

보증서 발급 전에 우선 대출 취급은행을 선정하고 해당 은행에 보증서를 제출해야 대출을 받을 수 있다.

미소금융·소매금융을 통한 창업자금 및 운영자금의 조달

소액 창업자금이나 운영자금은 미소금융 또는 소매금융 취급기관에서 조달받을 수 있다.

chapter 09

특허침해를 당했을 때 이렇게

김대박은 개발한 제품에 대하여 특허출원하여 특허등록까지 마쳤으며, 제품 이름도 역시 상표등록까지 마쳤다. 그런데 최근 자신의 제품과 유사한 기능과 이름을 가진 유사제품이 인터넷 쇼핑몰에 팔리고 있는 것을 확인하였다. 김대박은 어떻게 대응해야 할까?

특허권의 효력과 침해

특허권은 그 권리자가 일정 기간 특허발명을 독점 배타적으로 실시할 수 있는 재산권으로서, 특허권자 스스로 그 특허발명을 실시할 수 있는 적극적 효력을 가지는 동시에 타인이 그 특허발명을 실시하는 것을 금지시키는 소극적 효력을 가진다. 특허권은 독점배타적인 재산권의 일종이므로 제3자가 정당한 권한 없이 특허발명을 실시하는 경우, 민법 및 형법의 일반원칙에 따라 민사상·형사상 조치를 취할 수 있다.

특허권의 침해란 정당한 권한을 갖지 아니한 제3자가 정당한 이유 없이 특허권의 보호범위에 속하는 발명과 동일하거나 실질적으로 동일한 발명을 업으로 실시하는 것을 말한다.

특허권의 침해는 타인의 침해가 용이한 반면에 그 침해 여부의 판단이 어려우므로 특허권자는 경고나 소송제기에 앞서, 침해자의 실시 행위가 특허권의 권리범위에 속한다는 전문가의 감정이나 권리범위 확인심판을 청구하여 침해 여부 확인 등 충분한 사전조사를 하는 것이 바람직하다.

경고는 특허권을 침해하고 있는 자에게 특허권의 존재 및 침해사실을 인식시켜 더 이상의 침해행위를 중지할 것을 알리는 행위로서 통상적으로 내용증명으로 보낸다. 경고장에는 침해행위의 중지를 요구하고 만일 중지하지 않으면 법에 의한 조치를 취할 것이라는 취지의 경고를 하며 특허등록번호, 특허내용, 침해사실 등을 구체적으로 제시한다.

침해에 대한 민사적 구제방안

침해금지청구권

특허권자는 본인 특허권을 침해한 자 또는 침해할 우려가 있는 자에 대하여 그 침해의 금지 또는 예방을 청구할 수 있다. 피고가 실시하고 있는 물건 또는 방법이 원고의 특허권을 침해하거나 침해할 우려가 있으므로 그 실시를 금지시켜 달라는 소송이다.

손해배상청구권

특허권자는 고의 또는 과실에 의하여 자기의 특허권을 침해한 자에 대하여 손해의 배상을 청구할 수 있으며 다음 요건을 필요로 한다.

① 침해자의 고의 또는 과실, ② 위법행위, ③ 침해행위로 손해 발생, ④ 침해행위와 손해발생과의 사이에 인과관계

신용회복청구권

위법한 침해행위에 의하여 업무상의 신용을 실추하게 한 자에 대해서는 법원은 특허권자의 청구에 의하여 손해의 배상에 갈음하여 또는 손해의 배상과 함께 업무상의 신용회복을 위하여 필요한 조치를 명할 수 있다. 신용회복 조치로서 사죄광고가 많이 사용되고 있었으나, 이는 양심의 자유를 침해한 것이어서 헌법에 위반된다는 헌법재판소의 결정이 내려졌다.

따라서 판결에 의한 사죄광고 명령은 불가능해졌으며 침해자가 손해배상 판결이나 침해 유죄판결을 신문 잡지 등에 게재하는 등의 방법을 택할 수 있다.

침해에 대한 형사적 구제방안

특허 침해죄

특허권(또는 전용실시권)을 침해한 자는 7년 이하의 징역 또는 1억원 이하의 벌금에 처한다(친고죄).

특허권의 침해죄에 해당하는 행위를 조성한 침해물건 또는 그 침해행위로 생긴 물건은 이를 몰수하거나 피해자의 청구에 의하여 그 물건을 피해자에게 교부할 것을 선고하여야 한다.

허위표시의 죄

① 특허되거나 특허출원 중이 아닌 물건, 특허되거나 특허출원 중이 아닌 방법에 의하여 생산된 물건 또는 그 물건의 용기나 포장에 특허의 표시 또는 특허출원의 표시를 하거나 이와 혼동하기 쉬운 표시를 하는 행위, ② 위 ①의 표시한 것을 양도 대여 전시하거나 광고 간판 등에 표시하는 행위는 허위표시이며, 특허와 관련된 허위표시에 의하여 특허에 대한 공중의 신뢰를 악용하여 공중을 오인하도록 하는 행위를 처벌하고자 하는 규정이다.

양벌규정

법인의 대표자나 법인 또는 개인의 대리인 사용자 또는 종업원이 그 법인 또는 개인의 업무에 관하여 특허 침해 또는 허위표시의 죄를 범한 경우에는 행위자를 벌하는 외에 그 법인 또는 개인에 대하여도 벌금형을 과하도록 한다.

상표권, 디자인권의 효력

이상에서 특허권의 침해에 대한 구제방안을 살펴보았다. 특허권을 준용하기 때문에 상표권, 디자인권도 특허권과 동일한 효력을 가진다. 따라서 상표권 및 디자인권을 침해한 경우에도 특허권의 침해 구제방안과 동일하다.

상표권의 침해여부는 등록받은 상표와 동일 또는 유사한 지정 상품(업종)에서 동일 또는 유사한 상표를 사용하였는지의 여부에 따라 결정되고, 디자인권의 침해여부는 등록받은 디자인과 동일 또는 유사한 디자인의 제품을 제조, 판매하였는지 여부에 따라 결정될 것이다.

chapter 10

우리 상품이 다른 특허를
침해한 것일까?

김대박은 어느 날 특허권자로부터 침해를 중지하라는 내용의 경고문을
받았다. 경고문에는 중지하지 않는 경우에 김대박이 부담해야 할 문제
들이 가득 적시되어 있었다. 김대박은 어떻게 효과적으로 대응해야 할
까?

특허권자로부터 침해를 중지하라는 내용의 경고문을 받거나 민형
사상 제소를 당하면 경고장 답변과 소송에 대응할 수 있는 대책을 강
구하거나 화해나 중재를 강구하여야 한다.

특허권에 대한 선행기술 문헌을 조사하여 특허권의 무효심판 또는
권리범위 확인심판을 제기하거나 침해 여부에 대하여 변리사 등 전문

가의 감정을 받고, 이 밖에도 특허권의 효력이 미치지 않는 범위에 속하는지의 여부나 법정실시권이 존재하는지의 여부 등에 대하여도 조사할 필요가 있다.

침해 여부를 파악하자

특허권자의 권리 행사에 적절히 대응하기 위해서는 경고장이나 고소, 고발장을 받은 자는 구체적 방어수단을 강구하기 이전에 침해주장 사실의 진의를 파악할 필요가 있다.

이를 위해 ① 상대방이 정당한 권리자인지, ② 실시 대상이 특허발명의 보호범위에 포함되는지, ③ 특허권에 무효사유가 있는지 ④ 선사용의 법정실시권이 있는지 등을 파악해야 한다.

어떻게 대응하나

실시 대상이 특허발명의 보호범위에 포함되지 않는 경우

실시 대상이 특허발명의 보호범위에 포함되는지 여부를 판단하는 데에는 등록받은 특허청구범위의 분석이 매우 중요하다. 만일 본인이 실시하고 있는 기술이 등록받은 특허의 청구범위에 기재된 구성요소와는 상이하거나, 청구범위의 구성요소 중의 일부만을 이용하고 있는 경우에는 실시 대상은 특허발명의 보호범위에 포함되지 않으며 침해주장에서 벗어날 수 있다.

본인이 실시하고 있는 기술과 등록된 특허의 구성요소를 일대일로 비교하여 분석한 후 본인이 실시하고 있는 기술이 등록된 특허의 보호범위에 포함되지 않는 것으로 판단된 경우에는 침해가 성립하지 않는다는 내용의 답변서를 송부하거나 심판과 소송에서는 해당 이유를 들어 대응하면 될 것이다.

심판이나 소송의 경우에는 반드시 대응해야겠지만, 경고장의 경우에는 무답변이나 무대응으로 대응할 수도 있다.

특허권에 무효사유가 있는 경우

특허권이 비록 심사를 거쳐 등록이 되었지만 특허받지 못할 발명이 잘못 등록된 경우에는 그 특허의 무효를 구할 수 있다. 특허를 무효로 한다는 심결이나 결정이 확정된 때에는 그 특허권은 처음부터 없었던 것으로 되므로 일거에 침해 주장에서 벗어날 수 있다. 따라서 상대의 특허권이 일정한 무효사유에 해당하는 경우 특허무효심판을 청구하여 특허권을 무효시키는 것이 바람직하다.

한편 특허는 신규의 진보적인 기술에 대해서만 주어지므로, 이미 널리 알려진 기술은 어느 누구도 특허받을 수 없고 누구나 자유롭게 사용할 수 있는 기술이다. 선행기술에 비추어 특허성이 없는 발명이 잘못 특허된 경우 그 특허권이 등록 무효되기 전이라도 그 권리범위가 부정되므로, 만일 널리 알려진 기술로 특허가 이뤄진 경우 이를 주장하여 침해에서 벗어날 수 있다.

선사용의 법정실시권

특허법의 실시권에는 물권적 성질을 가진 전용실시권과 채권적 성질을 가지는 통상실시권이 있다. 통상실시권에는 ① 계약에 의하여 발생하는 허락실시권, ② 법률의 규정에 의하여 발생하는 법정실시권, ③ 특허청의 심판이나 행정처분에 의하여 발생하는 강제실시권이 있다.

법정실시권은 국민경제나 산업정책상 필요하거나 특허권자와 제3자와의 이해 조정이 필요하다고 인정되는 경우에 법률의 규정에 의하여 제3자에게 통상 실시권을 부여하는 제도로, 그중에 선사용에 의한 법정실시권이 있다.

상대 특허권자의 특허출원일 전에 이미 자신이 해당 특허발명을 실시하거나 실시의 준비를 하고 있었음을 입증하면 무상의 선사용 법정실시권이 인정된다. 따라서 직접 개발한 기술이며 상대 특허권자의 특허출원일 이전에 이미 해당 특허발명과 관련된 기술을 실시하거나 실시 준비를 하고 있었음을 입증하면 상대 특허권자의 침해 주장에서 벗어날 수 있다.

침해를 벗어나기 힘든 경우

특허권자로부터 침해의 경고를 받은 자가 상술한 바와 같은 여러 가지 사항을 고려한 결과 특허권 침해를 벗어나기 어려울 것으로 판단되는 경우에는 그에 대응해 다음의 적절한 조치를 취하여야 한다.

1) 실시 중지

특허권자로부터 침해 경고를 받은 자가 특허권을 침해하는 것이라고 판단되면 그 물품의 제조나 판매, 사용 등의 실시행위를 즉시 중지하는 것이 현명하다. 만일 특허권자로부터 경고를 받은 후에도 특허발명을 계속하여 실시할 경우에는 민형사 소송에 있어서 고의에 의한 침해로 간주될 수 있다.

2) 실시권의 설정이나 특허권의 양수

특허권자로부터 침해 경고를 받은 자가 특허발명에 관한 물건을 계속하여 제조 판매할 필요성이 있는 경우에는 특허권자와 협의하여 실시권을 설정하거나 특허권을 양도받을 수 있다.

만일 특허권자로부터 침해 경고를 받은 자가 실시하고 있는 발명도 특허받은 것이고 상대의 특허권과 이용관계에 있는 경우에는 실시권 허락이나 크로스 라이센스를 협의하고, 만일 협의가 이루어지지 않으면 통상실시권 허여심판을 청구할 수도 있다.

3) 중재·화해

특허권자로부터 침해 경고를 받은 자는 특허권자와 원만한 해결을 보는 것이 바람직할 것이다. 화해는 '제소 전 화해'와 '소송상 화해'가 있다. 화해조서가 작성되면 그 조서는 확정판결과 동일한 효력을 가진다.

중재란 분쟁 해결을 법원의 판결에 의하지 아니하고 제3자인 중재인이 판정하며 중재인의 판정은 법원의 확정판결과 동일한 효력을 가진다.

실용신안권, 상표권 및 디자인권을 침해한 경우에도 특허권의 침해 구제방안과 거의 유사하므로 실용신안권, 상표권 및 디자인권의 침해를 이유로 경고장을 받거나 고소, 고발을 받은 경우에도 위에 적힌 내용대로 대응책을 수립하면 될 것이다.

chapter 11

카피 제품에 대응하는 방법

김대박은 자신이 직접 디자인한 침실용 스탠드 조명을 제조하여 '대박 스탠드'란 이름으로 인터넷 쇼핑몰을 통해 판매하고 있다. 김대박은 사업을 시작한 지 얼마 되지도 않았고 사업규모도 영세한 편이라, 대박 스탠드의 이름과 디자인에 대해 상표출원과 디자인출원을 진행할 생각을 전혀 하지 못했다. 그러나 김대박이 판매하고 있는 스탠드 조명은 기존 스탠드와는 차별화된 예쁜 모양으로 인해 신혼부부들 사이에서 인기를 끌며 점차 판매량이 늘고 있어서인지 어느 순간 유사한 모양과 이름을 가진 스탠드가 인터넷 쇼핑몰에서 나타나기 시작했다. 상표출원과 디자인출원을 진행하지 못한 김대박은 자신이 직접 개발하고 제조한 스탠드 조명을 어떻게 보호받을 수 있을까?

회사의 이름(상호)과 제품·서비스의 명칭은 상표출원을, 제품의 외관 모양은 디자인출원을, 제품에 적용된 기술은 특허출원을 진행하고 이를 등록받아 보호받는 것이 가장 바람직하다. 그러나 특허·상표·디자인출원을 진행하지 못하는 경우도 많으므로 그러한 경우 어떻게 보호받을 수 있을 것인지 간략하게 살펴보자.

우선 특허·상표·디자인출원을 진행하지 못한 경우에 가장 우선적으로 고려할 것이 부정경쟁방지법과 저작권법이다.

부정경쟁방지법을 통한 보호

부정경쟁방지법은 국내에 널리 알려진 타인의 상표·상호 등을 부정하게 사용하는 등의 부정경쟁행위와 타인의 영업비밀을 침해하는 행위를 방지하여 건전한 거래질서를 유지함을 목적으로 한다.

국내에 널리 인식된 타인의 성명, 상호, 상표, 상품의 용기·포장, 그밖에 타인의 상품임을 표시한 표지와 동일하거나 유사한 것을 사용하거나 판매하는 경우, 타인이 제작한 상품의 형태(형상·모양·색채·광택 또는 이들을 결합한 것)를 모방한 상품을 판매하는 경우, 합리적인 노력에 의하여 비밀로 유지된 영업비밀(생산방법, 판매방법, 그 밖에 영업활동에 유용한 기술상 또는 경영상의 정보)을 침해하는 경우, 비록 특허·상표·디자인출원을 진행하여 등록받지 못했다고 하더라도 일정한 경우에 부정경쟁방지법을 통해 보호받을 수 있다.

결국 위의 사례에서 김대박은 자신이 직접 디자인한 침실용 스탠드 조명에 대해 상표나 디자인출원을 진행하지 못했다고 하더라도, 부정경쟁방지법을 통해 타인의 모방행위에 대해 전문가인 변호사나 변리사에게 자문하여 대응책을 강구함으로써 자신이 개발한 제품을 보호받을 수도 있다.

타인이 제작한 상품의 형태를 모방하는 행위는 부정경쟁방지법에 의해 부수적으로 보호될 수 있지만, 모방한 상품의 형태가 동일해야 하며 시제품이 제작된 때로부터 3년 이내의 단기간 동안에만 보호된다는 단점이 있다. 따라서 가장 최선의 방책은 만일 특허·상표·디자인출원을 진행하지 못했다면 지금부터라도 해당 권리에 대한 출원 여부를 우선적으로 고려하는 것이다.

chapter 12

기업 간 분쟁,
어떻게 해결할까?

주식회사 대박은 해외 유명 캐릭터 인형 상품인 헬로 키티(HELLO KIT-TY)에 대한 국내 판권을 얻어 국내 판매를 하려고 한다. 주식회사 대박은 국내 유명 드라마인 〈대장금〉과 〈주몽〉에 나온 캐릭터 의상, 소품으로 헬로 키티를 꾸미고, 해당 드라마 이름을 붙인 캐릭터로 판매하려고 하는데 이것이 법에 저촉되지 않을까?

상표권침해는 아니다, 하지만

헬로 키티 캐릭터의 국내 판권을 가지고 있는 회사는 헬로 키티 캐릭터 상품뿐만 아니라 유명 드라마 의상을 입은 헬로 키티 상품도 제조·판매하였다. 드라마 의상을 입은 상품을 판매할 때 드라마 〈대장금〉〈주몽〉〈겨울연가〉〈황진이〉 등의 표장을 사용하며 홈페이지에 국내 판권을 가진 회사명, 캐릭터 상품명, 캐릭터에 대한 지적재산권을 가지고 있는 회사명을 표기했다. 또한 상품 이미지 오른쪽 아래에 국내 판권을 가진 회사, 캐릭터 상품명 등을 표기했다. 이에 법원은 대장금 상표와 주몽 상표, 헬로 키티 표장의 주지저명의 정도, 표장의 사용 경위 등을 종합하여 살펴보아 전체적으로 상품들의 출처를 명확히 고지했다고 판단했다.

그리고 헬로 키티 상품에 표시된 드라마 표장은 대장금과 주몽 등을 형상화한 것임을 안내하기 위한 것일 뿐 상품의 식별표지로서 사용된 것이라고는 볼 수 없다고 보았다. 따라서 대장금과 주몽 등의 표장이 상표로서 사용된 것이라고 할 수 없다고 판단해 드라마 의상을 입은 헬로 키티의 상표권 침해가 인정되지 않았다.

또한 법원은 부정경쟁방지법에 규정된 '국내에 널리 인식된 타인의 상품임을 표시한 표지와 동일하거나 유사한 것을 사용하거나 이러한 것을 사용한 상품을 판매하여 타인의 상품과 혼동하게 하는 행위'에 해당하지 않는다는 취지로 판시하였다.

그럼 유명 드라마 의상을 입은 헬로 키티 상품은 계속 제조·판매할 수 있었을까?

경쟁자의 노력과 투자에 편승한 부당행위에 해당

드라마 의상을 입은 헬로 키티 상품이 경쟁자의 노력과 투자에 편승하여 부당하게 이익을 얻은 것으로써 불법행위에는 해당한다고 법원은 판단했다.

방송사의 드라마는 상당한 노력과 투자에 의하여 구축한 성과물이다. 방송사는 각 해당 드라마의 명성이나 인기도를 이용하여 그에 관한 상품화 사업을 할 수 있는 권한을 타인에게 부여하고 대가를 받는 방식 등으로 영업한다. 방송사가 이런 영업을 통해 얻는 이익은 법률상 보호할 가치가 있다. 또한 각 드라마가 해외에서도 인기를 얻어 드라마 관련 상품의 수요가 커지고 있는 상황에서 방송사의 허락도 받지 아니한 채, 드라마를 직접적으로 연상시키는 제품을 제조·판매하였음이 인정되었다.

경쟁자가 상당한 노력과 투자에 의하여 구축한 성과물을 상도덕이나 공정한 경쟁질서에 반하여 자신의 영업을 위하여 무단으로 이용함으로써 경쟁자의 노력과 투자에 편승하여 부당하게 이익을 얻고 경쟁자의 이익을 침해하는 행위는 부정한 경쟁행위로 민법상 불법행위에 해당한다고 법원은 판시하였다(대법원 2012. 3. 29. 선고 2010다20044 판결).

부정경쟁행위와 상표권 침해의 차이점

부정경쟁방지법상 부정경쟁행위는 상표권 침해행위와는 달라서 반드시 등록된 상표(서비스표)와 동일 또는 유사한 상호를 사용하는 것을 요하는 것이 아니다.

등록 여부와 관계없이 사실상 국내에 널리 인식된 타인의 성명, 상호, 상표, 상품의 용기, 포장 기타 타인의 상품임을 표시하는 표지와 동일 또는 유사한 것을 사용하거나 이러한 것을 사용한 상품의 판매 등을 하여 타인의 상품과 혼동을 일으키게 하거나 타인의 영업상의 시설 또는 활동과 혼동을 일으키게 하는 일체의 행위를 의미하는 것이다(대법원 1999. 4. 23. 선고 97도322 판결).

부정경쟁방지법상 국내에 널리 인식된 상표의 개념

부정경쟁방지법에서 '국내에 널리 인식된' 상품 표지와 동일하거나 유사한 것을 사용하여 혼동하게 하는 행위를 금하고 있는데, '국내에 널리 인식된 상표·상호'라 함은 국내 전역에 걸쳐 모든 사람들에게 주지되어 있음을 요하는 것이 아니고 국내의 일정한 지역적 범위 안에서 거래자 또는 수요자들 사이에 알려진 정도로써 족하다(대법원 2001. 4. 10. 선고 2000다4487 판결)는 것이 법원의 입장이다.

부정경쟁방지법상 영업비밀 침해행위에 대한 규제

부정경쟁방지법에서는 영업비밀 침해행위에 대하여도 규제하고 있다. '영업비밀'은 공공연히 알려져 있지 아니하고 독립된 경제적 가치를 가지는 것으로서, 상당한 노력에 의하여 비밀로 유지된 생산방법, 판매방법 그 밖에 영업활동에 유용한 기술상 또는 경영상의 정보를 말하는 것이다.

제휴업체들이 개발한 모바일 콘텐츠, 모바일 게임 등을 해외로 판매하는 사업을 영위하는 주식회사 A의 해외영업팀장 B는 퇴직한 후 주식회사 A와 전략적 제휴관계에 있는 모바일 게임 개발업체인 주식회사 C에 입사하면서 담당업무에 사용할 목적으로 A에 재직 중 사용하던 업무용 컴퓨터에 저장된 문서들을 복사하여 가져갔다. 법원은 이 문서들 중 일부가 경제적 유용성과 비밀관리성이 인정되어 A의 영업비밀에 해당한다고 보았다. 그리고 이러한 영업비밀 부정취득행위가 있는 이상 B는 영업비밀 보유자인 A의 영업상 이익을 침해하여 손해를 입혔다고 보아야 한다고 하였다(대법원 2011. 7. 14. 선고 2009다 12528 판결).

chapter 13

미회수채권,
어떻게 해결할까?

김대박은 사업을 하면서 거래처로부터 대금을 받지 못하고 있다. 어떻게 조치해야 할까?

대금지급청구의 소 제기 또는 지급명령신청

사업을 하면서 발생한 미수채권은 상행위로 인한 채권에 해당하므로 일반적으로 5년의 상사시효(상행위로 생긴 채권은 5년간 행사하지 않으면 소멸시효가 완료됨)에 걸린다(상법 제64조).

미수채권의 시효완성을 막기 위해 법원에 대금지급청구의 소를 제기하거나, 보다 간편한 방법으로 지급명령신청제도를 활용하는 것이 좋다.

지급명령신청절차는 금전 또는 그 밖의 대체물이나 유가증권의 일정 수량의 지급을 목적으로 하는 청구권에 관하여 채무자가 다투지 않을 것으로 예상될 경우에 채권자로 하여금 통상의 판결절차보다 간이·신속·저렴하게 집행권원을 얻게 하는 절차이며(민사소송법 제462조), 이 절차에 의하여 지급명령을 발할 때에는 채무자를 심문하지 않고, 채무자가 지급명령을 송달받은 날부터 2주 이내에 이의신청을 하지 않으면 지급명령은 확정판결과 같은 효력이 있다(민사소송법 제474조).

소 제기 전의 보전조치

이와 같은 지급명령신청을 하거나 대금지급 청구의 소를 제기하기에 앞서 채무자가 재산을 다른 곳으로 이전하는 행위를 막기 위하여 채무자의 재산에 대하여 가압류를 미리 해두는 것이 좋다(민사집행법 제276조). 가압류는 부동산뿐만 아니라 동산이나 채권에 대하여도 가능하다.

재산의 확인을 위한 재산명시, 재산조회신청

채무자가 변제에 제공할 재산을 보유하고 있는지 확인되지 않는 경우에는 대금지급청구의 소를 제기하여 받은 판결문 내지 확정된 지급명령결정문을 받은 이후 채무자의 주소지 관할 법원에 채무자의 재산명시를 요구하는 신청을 할 수 있고(민사집행법 제61조), 재산명시신청이 있는 경우 법원은 채무자에게 재산상태를 명시한 재산목록을 제출하도록 명할 수 있다(민사집행법 제62조).

　법원이 재산명시신청에 따라 재산목록 제출을 명하는 경우 채무자
는 그 명에 따라 재산목록을 제출하여야 하며, 이를 이행하지 않는 경
우 20일 이내의 감치에 처할 수 있고, 거짓으로 재산목록을 제출한 경
우에는 3년 이하의 징역 또는 500만 원 이하의 벌금에 처하게 되어 있
다(민사집행법 제68조).

　채무자가 제출한 재산목록만으로는 채권을 모두 변제받기 어려운
경우 개인의 재산 및 신용에 관한 전산망을 관리하는 공공기관·금융
기관·단체 등에 소정 비용을 지급하고 채무자 명의의 재산에 관하여
조회할 수 있다(민사집행법 제74조).

형사상 조치

　채무자가 금전을 빌려가거나 거래 당시 변제할 능력이 없었던 경우
이거나 변제할 의사가 없었던 경우에는 형법 제347조의 사기죄에 해
당되므로 채무자에 대하여 사기죄로 고소하는 방법도 고려해볼 수 있
다.

chapter 14

경영 중 일어날
형사적 책임에 주의하라

상장회사인 주식회사 대박이 대주주인 김대박에게 1억 원을 빌려주었다. 이런 행위가 형사적으로 문제가 될 수 있을까? 그 외 회사를 운영하면서 유의해야 할 형사문제는 어떤 것이 있을까?

주요주주 등 이해관계자와의 거래위반죄

상법 제542조의 9는 상장회사는 주요 주주 및 그의 특수관계인, 이사 및 집행임원, 감사를 상대방으로 하거나 그를 위하여 신용공여(금전 등 경제적 가치가 있는 재산의 대여, 채무이행의 보증, 자금 지원적 성격의 증권 매입, 그 밖에 거래상의 신용위험이 따르는 직접적·간접적 거래)를 해서는 안 된다고 규정하고 있다. 이를 위반하여 신용공여를 한 자에 대하여는 5년 이하의 징역 또는 2억 원 이하의 벌금에 처한다고 규정하고 있다. 따라서 주식회사 대박의 대표이사는 주요주주 등 이해관계자와의 거래위반죄로 처벌받을 수 있다.

임원의 특별배임죄

상법 제622조는 발기인, 이사, 기타의 임원의 특별배임죄에 대하여 규정하고 있다. 회사의 발기인, 업무집행사원, 이사, 집행임원, 감사위원회 위원, 감사 지배인 및 기타 회사영업에 관한 특정한 사항의 위임을 받은 사용인이 그 임무에 위배한 행위로써 재산상의 이익을 취하거나 제3자로 하여금 이를 취득하게 하여 회사에 손해를 가한 때에는 10년 이하의 징역 또는 3천만 원 이하의 벌금에 처한다고 규정하고 있다. 이는 일반 형법상 배임죄에 대하여 5년 이하의 징역 또는 1천 500만 원 이하의 벌금에 처하도록 규정하고 있는 것보다 가중하여 처벌하는 규정이다.

부실보고죄

주식회사의 유한회사로의 조직 변경 또는 유한회사의 주식회사로의 조직 변경의 경우 회사의 이사, 집행임원, 감사위원회 위원, 감사 또는 직무대행자가 회사에 현존하는 순재산액에 관하여 법원 또는 총회에 부실한 보고를 하거나 사실을 은폐한 경우에는 5년 이하의 징역 또는 1천500만 원 이하의 벌금에 처하도록 하는 부실보고죄에 대하여도 규정하고 있다(상법 제626조).

부실문서행사죄

회사의 발기인, 업무집행사원, 이사, 집행임원, 감사위원회 위원, 감사 또는 직무대행자, 지배인 기타 회사영업에 관한 어느 종류 또는 특정한 사항의 위임을 받은 사용인, 외국회사의 대표자, 주식 또는 사채의 모집의 위탁을 받은 자가 주식 또는 사채를 모집함에 있어서 중요한 사항에 관하여 부실한 기재가 있는 주식청약서, 사채청약서, 사업계획서, 주식 또는 사채의 모집에 관한 광고 기타의 문서를 행사한 때에는 5년 이하의 징역 또는 1천500만 원 이하의 벌금에 처한다고 규정하고 있다(상법 제627조). 따라서 주식청약서, 사채청약서 등의 기재에도 유의해야 한다.

납입가장죄, 납입책임면탈의 죄

회사의 발기인, 업무집행사원, 이사, 집행임원, 감사위원회 위원, 감사 또는 직무대행자, 지배인 기타 회사영업에 관한 어느 종류 또는 특정한 사항의 위임을 받은 사용인이 납입 또는 현물출자의 이행을 가장하는 행위를 한 때에는 5년 이하의 징역 또는 1천500만 원 이하의 벌금에 처하도록 규정하고 있다(상법 제628조).

납입의 책임을 면하기 위하여 타인 또는 가설인의 명의로 주식 또는 출자를 인수한 자는 1년 이하의 징역 또는 300만 원 이하의 벌금에 처하도록 규정하고 있다(상법 제634조).

초과발행의 죄

주식 발행과 관련하여 회사의 발기인, 이사, 집행임원 또는 직무대행자가 회사가 발행할 주식의 총수를 초과하여 주식을 발행한 경우에도 5년 이하의 징역 또는 1천500만 원 이하의 벌금에 처한다(상법 제629조)고 되어 있는 내용도 유의하여야 할 것이다.

이사의 손해배상책임

한편 형사책임 외에도 이사가 고의 또는 과실로 법령 또는 정관에 위반한 행위를 하거나 그 임무를 게을리한 경우에는 그 이사는 회사에 대하여 연대하여 손해를 배상할 책임이 있다(상법 제399조 제1항). 이러한 행위가 이사회의 결의에 의한 것인 때에는 그 결의에 찬성한 이사도 손해배상책임이 있으며(동조 제2항), 이사회 결의에 참가한 이사로서 이의를 한 기재가 의사록에 없는 자는 그 결의에 찬성한 것으로 추정된다(동조 제3항).

그리고 이사가 고의 또는 중대한 과실로 그 임무를 게을리한 때에는 그 이사는 제3자에 대하여 연대하여 손해를 배상할 책임이 있다고 규정하여 회사에 대한 책임뿐만 아니라 회사 이외의 제3자에 대하여도 손해배상책임을 인정하고 있다(상법 제401조).

사업의 성장,
얕고 넓게 알고 전문가에 맡겨라

사업가인 당신도, 소비자에게 이렇게 말할 것이다.

"고객 여러분, 전문가에게 맡기세요!"

그렇다. 전문가에게 맡기는 것이 직접 배워서 처리하는 데 드는 시간과 비용 그리고 소중한 노력을 아끼면서도 가장 확실하게 성과를 내는 방법이다. 이 책에서 하려는 말도 같다. 7인의 전문 자격사들이 기업의 성장에 필요한 지원영역 7가지 분야를 기업 성장주기에 따라 독자들에게 안내하였으니 넓고 얕게 기초지식만을 이해한 후 직접적이고 전문적인 업무의 처리는 경영지도사, 노무사, 법무사, 변리사, 변호사, 회계사, 세무사에게 맡기면 될 것이다. 그리고 당신은 당신의 전문분야인 그 사업에 더욱 집중하라!

이런 스토리를 생각해본다면 어떻겠는가?

경영지도사에게 한 창업기업 대표가 정부에서 지원하는 기술개발 자금을 받고 초기 마케팅 전략을 수립하는 데 도움을 얻기 위해 찾아온다. 기술개발자금 심사에 합격하기 위한 기초 준비로서 특허출원의 필요성이 있고, 기술 방어를 위해서도 의미가 있기에 변리사는 특허출원 업무를 지원해주기로 한다. 그리고 기업의 대표는 개인사업자에서 법인사업자로 전환하려 하는데, 법무사와 세무사가 팀으로 전환 업무를 지원한다. 이후 세무기장 등의 업무도 세무사가 책임져주기로 한다. 더불어 법인 전환하는 이 회사에 동업자가 합류하기로 하면서 동업계약서 작성과 검토를 변호사가 맡아준다.

기업 대표는 경영지도사 한 사람을 찾아왔을 뿐인데 이렇게 체계적이면서도 원스톱 지원과 같은 전문 자격사의 도움을 받는다. 이 과정을 거쳐 최종적으로 경영지도사는 정부지원사업 참여와 실제 사업 성공을 위한 마케팅 전략을 설계해준다. 향후 기업이 성장하면 투자를 받거나 기업매각을 할 생각도 있는데, 이때 회계사가 전문적 지원을 해줄 예정이다.

어떤가? 이렇게 된다면 좀 편리하고 믿음직할 것 같은가? 이것은 실제다. 궁금하다면 비즈니스박스(www.bizneedsbox.com)로 신청하여 성공 사업의 실체를 경험해보라.

전문가의 시대이지만 독자적인 전문가, 혼자서만 전문가인 사업은 쉽지 않다. 전문가들이 유기적으로 연결된 멀티태스킹과 네트워킹이 필수적이다. 이 책은 그러한 결과물의 초석이며, 이를 통해 위 사례처럼 실제로 독자 여러분은 편리하면서도 전문적으로 도움을 받을 수 있을 것이다. 여러분의 사업도 멀티태스킹과 네트워킹으로 확장되어 무한 성장하길 바라며 전문가들의 지원도 간편하고 효과적으로 이용하길 바란다.

전문가에게 맡기고 거래하는 수준으로만 생각한다면, 당신은 아직 사업에 성공할 준비가 덜 된 것이다. 기업경영, 사업성장의 가장 기초이자 필수요소 분야를 지원하던 경영지도사, 노무사, 법무사, 변리사, 변호사, 세무사, 회계사를 자기 사업의 파트너로 생각하고 적극 협업하라!

마지막으로, 이 책의 거의 모든 내용은 법이나 정부제도에 연관되어 있다. 따라서 큰 틀에서는 거의 변하지 않는 내용을 다루었으나, 세부적으로는 소폭의 변화가 있을 수도 있으니 구체적인 것은 전문가에게 문의하거나 각 챕터에서 제시한 법령이나 사이트를 참조하면 좋을 것이다.

당신의 사업성장을 응원한다! Good Luck!